ニッポンはじめて物語

世界初・日本初のヒット商品を生んだ開発者の熱き魂

CBCテレビ特別解説委員
北辻利寿

TOKYO NEWS BOOKS

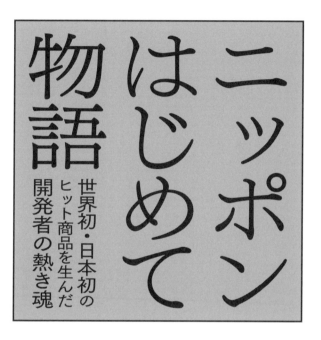

はじめに

〝はじめの一歩〟を訪ねる旅へようこそ！

どんな大河にも、最初の一滴が湧き出す源流があるように、どんなものにも〝はじめの一歩〟がある。

私たちの暮らしの中に当たり前のように存在していて、私たちが当たり前のように使っているものや食べているもの、そのすべてに始まりのストーリーがある。日本におけるそんな原点を訪ねて、それぞれの「はじめて物語」に出合うことは、新鮮な驚きの連続である。

たとえば……切れなくなった刃物を捨てるのはもったいない。ならば少しずつ折ればいい。進駐軍の米兵が持っていた板チョコと結び付いて「カッターナイフ」が生まれた。

たとえば……雨の日に傘を差すと前方が見えにくい。ならば傘を透明にすればいい。英国王室の御用達にまでなった「ビニール傘」が誕生した。
たとえば……漢方薬を作った残りの生薬をお湯に入れたら保温効果があった。ならばお風呂用にも作ろう。今や四季を通して愛される「入浴剤」が登場した。

これから紹介するのは、そんな70もの素晴らしい商品誕生のドラマである。ほんの少しだけ視点を変えてみたもの、使う人への思いやりが原点だったもの、思わぬハプニングから生まれたもの、そして、諦めることなく理想を追い求めて結実したもの……。
そのすべてに共通しているものは、戦後の高度成長期から今日まで、日本という国が世界に負けない〝モノづくり〟を続けてきた開発魂、そして、日本人ならではの細やかさである。

開発魂と細やかさ……そんな息吹を、令和の時代に感じていただければ幸甚である。ニッポンの確かな底力がそこにある。でも、それぞれはささやかな第一歩から始まっていた。これもあれも、こんなものも、あんなものも。驚きの連続となる〝はじめの一歩〟を訪ねる旅、いよいよスタートである。

ニッポンはじめて物語

目次

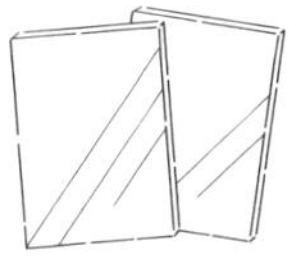

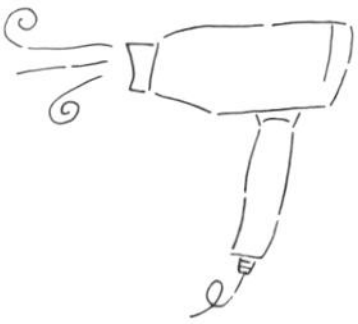

第二章

モノづくりへの熱い思い。

ニッポンが進化させた品々の物語［戦前編］

第三章

モノづくりへの熱い思い。

ニッポンが進化させた品々の物語［戦後編］

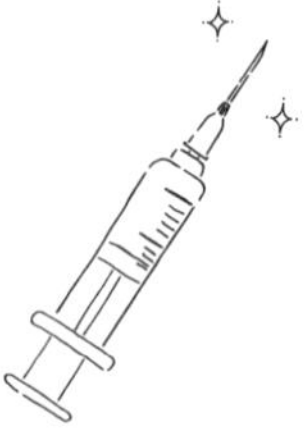

目次

【この本の見方】

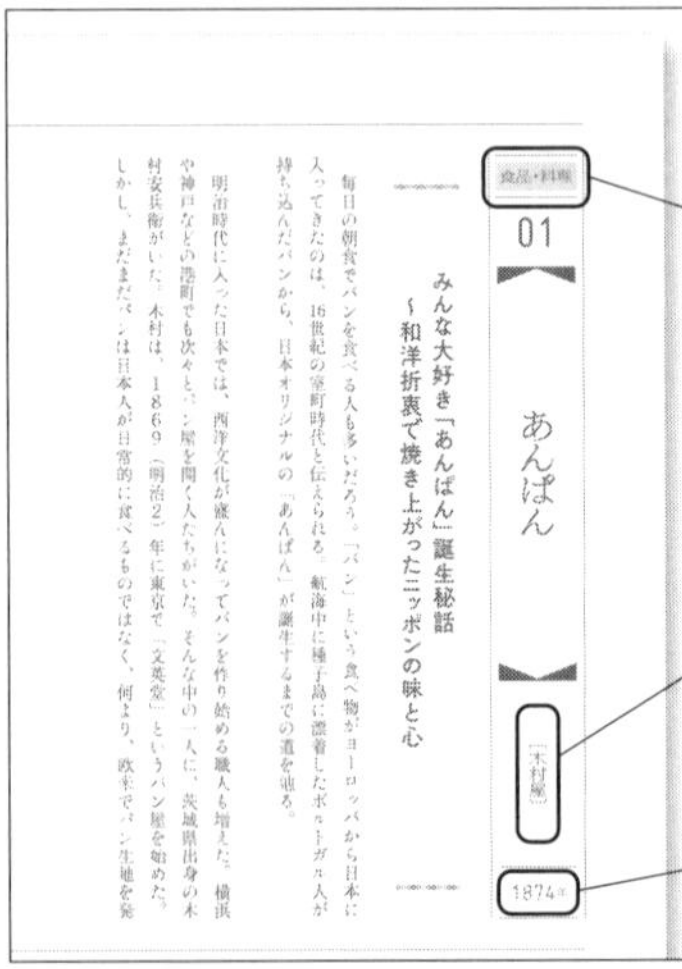

ジャンル
楽器／靴・履物／薬・医療／暮らし／食品・料理／電化製品／ファッション／文具／街・交通／遊具・娯楽の中から記載

発明・発見・発売をした当時の人物・会社名
表題の製品・サービスを発見・発明したり、進化させて発売した当時の会社名や人物名

はじめの一歩となった年
上記の会社や人物がはじめて表題の製品・サービスを発売したり、開発した年

※本書内ではすべて敬称略としています。
※本書に記載の内容は2024年2月末時点の情報となります。
※本書に記載の「日本初」「世界初」の年代や会社名については諸説あり、取材企業や文献を元にまとめた現時点での情報ということで記載しています。

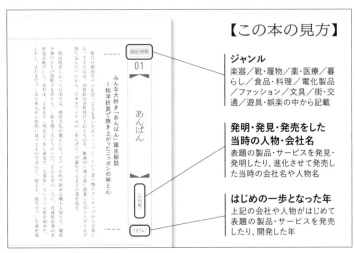

第一章

世界に誇る！ニッポン生まれ。その誕生の物語

今や世界中で
使われるようになった品や
日本生まれ⁉ と驚かされる品も。
日本発祥の品々の驚きと
感動の開発ストーリー全27編

食品・料理

01

あんぱん

［木村屋］

1874年

みんな大好き「あんぱん」誕生秘話
～和洋折衷で焼き上がったニッポンの味と心

毎日の朝食でパンを食べる人も多いだろう。「パン」という食べ物がヨーロッパから日本に入ってきたのは、16世紀の室町時代と伝えられる。航海中に種子島に漂着したポルトガル人が持ち込んだパンから、日本オリジナルの「あんぱん」が誕生するまでの道を辿る。

明治時代に入った日本では、西洋文化が盛んになってパンを作り始める職人も増えた。横浜や神戸などの港町でも次々とパン屋を開く人たちがいた。そんな中の一人に、茨城県出身の木村安兵衛がいた。木村は、１８６９（明治２）年に東京で「文英堂」というパン屋を始めた。

しかし、まだまだパンは日本人が日常的に食べるものではなく、何より、欧米でパン生地を発酵させる時に使うイースト菌は希少で、なかなか手に入らなかった。とてもヨーロッパのようなパン作りはできなかったのである。

そんな時、木村は、米、麹、水からできる「酒種《さかだね》」を使ってパンを焼くことを思い付く。和菓子の「酒饅頭」から得たアイデアだった。「和菓子に近いものならば」と、木村は生地の中に、日本伝統の餡子《あんこ》を入れてみた。さらに、食感のよいケシの実を付けて焼き上げた。こうしてでき上がったのは、和と洋を合わせた味、まさに和菓子の延長線上に誕生した日本オリジナルのパン「あんぱん」だった。文英堂は「木村屋」と屋号を変え、現在の「木村屋總本店」へと続いていく。

創業から5年たった1874（明治7）年に「あんぱん」は発売された。翌75年には、明治天皇に献上されたと木村屋總本店のホームページにはある。この時に桜の塩漬けを入れた「あんぱん」を作り、明治天皇も皇后もとても気に入って「引き続き納めるように」との言葉を残したという。現在ではイースト菌も使われるが、伝統の「酒種」を使った「あんぱん」は、木村屋總本店の〝味〟として、今も多くの人々に愛されている。

日露戦争が近付いた頃、軍はパン屋と菓子屋を集めて、大がかりなビスケット工場を建設した。戦場では火を使って米を炊くわけにはいかず、欧米の兵士のようにビスケットを食料にするためであった。木村の息子で木村屋の三代目を受け継いだ儀四郎は、この工場でビスケットの生地にジャムを挟んで焼く作業見ているうちに思い付く。

「パンにジャムを入れても美味しいのではないか」

焼いてみたところ、ふっくらとしたパンと甘酸っぱいジャムの組み合わせは絶妙だった。1900(明治33)年、父が作った「あんぱん」に続き、今度は息子が「ジャムパン」を誕生させた。「あんぱん」と「ジャムパン」、木村父子のアイデアがここに結実した。

その後、東京の菓子店がシュークリームにヒントを得て、クリームを入れて焼いた「クリームパン」を製造・販売し、これも人気を得る。餡《あん》についても、栗、芋、かぼちゃ、さらにフルーツのジャムなど、多くの味がパンの中身として使用され、「カレーパン」まで登場した。

欧米ではサンドイッチやハンバーガーのように、パンに何かを挟んだり、バターやペーストを塗ったりするが、「中に何かを入れて焼く」というスタイルは、懐深く〝包み込むような〟まさに日本独特のパン文化だった。

薬・医療

02

胃カメラ

［オリンパス光学工業株式会社］

1952年

「胃カメラ」を発明した日本の技術を誇りたい！ 世界の人々の命を救う開発の歩み

人の身体の中を直接見ることはできないか？　この願望は、古代ギリシア・ローマ時代からあったと伝えられている。それを医療という分野において実現したものが「胃カメラ」である。今では健康診断に欠かせない「内視鏡」を発明したのは、実は日本の技術だった。

「胃カメラ」の発明を語る前に、そこに至るまでの歴史を紹介する。古代都市ポンペイの遺跡から、今日の内視鏡の原型とも見られる医療器具が発掘されたこともあって、「人体の内部を見る」という試みには長い歴史があったと推察される。記録によると、生きている人間の胃を初めてのぞいたのは、ドイツ人医師アドルフ・クスマウルだと伝えられている。１８６８年、日本では明治元年。50センチ弱という長さで、直径13ミリという太い金属管を、人の喉から挿入して胃の中をのぞいたという。クスマウルがそれを試す相手として選んだのは大道芸人。観客の前で剣を飲みこむ芸を披露していたというから、なるほど適役だったのかもしれない。

そんな世界中の医師たちの願望と苦労を結実させたのが、日本の光学技術だった。舞台は昭和の日本に移る。戦後まもない1949（昭和24）年、顕微鏡やカメラのメーカーだった「オリンパス光学工業株式会社」（現・オリンパス株式会社）に、東京大学病院の医師から依頼が届いた。

「患者の胃の中を写すカメラを作ってほしい」

そのイメージは、胃の中に小さなレンズと光を入れて、それをカメラのフィルムに撮影するというものだった。

開発チームの挑戦が始まった。「極小レンズ」「強い光源」「管の柔らかな材質」など手探りの中で、翌1950年には試作品ができた。先端に付けた小型電球によるフラッシュ撮影とワイヤーによる巻き取り方法によって、世界で初めて、胃の内部の撮影に成功した。しかし課題はまだ多かった。レンズと管を入れることによって人体に危険はないか、いかに負担の少ない短い時間で胃の中を撮影できるか、そして鮮明な内部映像を撮影できるか。さらなる改良を重ねた結果、1952(昭和27)年に世界初の「胃カメラ」が誕生した。

開発の道は続く。ファイバースコープ付き胃カメラが登場し、それまでは撮影したフィルムの現像まで待たなければならなかった診察も、リアルタイムで可能になった。2002(平成14)年には、ハイビジョン内視鏡システムが誕生。高画質、高品位な画像によって、粘膜の微妙な色の変化も見逃さないような〝電子的な画像拡大〟も可能になった。先端に付いた「処置具」によって病片の採取もできる。胃の中だけでなく、食道、十二指腸、さらに大腸など、人体の観察部位は飛躍的に増えていき、「胃カメラ」は現在「内視鏡」と呼ばれるようになった。胃カメラ発祥の日本では「胃カメラを飲む」という言葉が使われてきたが、その表現が懐かしく思われるほど、技術の進歩は目覚ましい。内視鏡によって、がんの5年生存率は格段に改善されて、早期発見(I期)の場合、胃がんも大腸がんも9割以上になった。現在、オリンパスの内視鏡は消化器分野で世界シェアの70%にも及ぶ。

冒頭でもふれたが、古来、医療に携わる人たちには「人体の中を直接見たい」という願望があった。「医者の本能」ともいえるこの思い。世界の医療現場に「胃カメラ」という画期的な発明を届けた日本の光学技術によって、今日までどれだけ沢山の命が救われてきたことだろうか。

食品・料理

03 ウィルキンソン タンサン

［ジョン・クリフォード・ウィルキンソン］

1904年

炭酸飲料のウィルキンソンは日本生まれ
～イギリス人が山中で見つけた宝の泉

その鉱泉を見つけたのは神戸に暮らしていたイギリス人だった。湧き出る炭酸の泉。それは「ウィルキンソン」というブランド名を得て、海外でも人気の炭酸飲料に育っていった。

1889（明治22）年、日本人の妻と兵庫県神戸市で暮らしていたイギリス人実業家のジョン・クリフォード・ウィルキンソンは、宝塚の山中に趣味の狩猟に出かけていた。そこで炭酸の鉱泉を発見する。ウィルキンソンは、この鉱泉水を母国イギリスに送って成分を分析してもらったら、なんと世界の名だたる水と肩を並べるほど良質なミネラルウオーターであることが判明した。当時の日本には海外からの訪問客も多かったが、その多くは食事の時に、ガス入りの炭酸水を飲みたがった。「これは商売になる！」ウィルキンソンは、飲料水を製造するための設備をイギリスから取り寄せ、1890（明治23）年頃「TAKARADZUKA MINERAL WATER」を発売する。

右手に瓶を持った金剛力士像。ウィルキンソンがその後、1893（明治26）年に発売した天然炭酸鉱泉水「仁王印ウォーター」のラベルである。仁王像の顔のモデルはウィルキンソン自身とも言われている。そして、そのラベルには6文字のアルファベットが大きく書かれていた。「TANSAN」と。それまで発泡性の水は、海外では「ソーダ（SODA）」と呼ばれていたが、これを機に日本では「タンサン（炭酸）」と呼ばれるようになる。ウィルキンソンは「炭酸」の名付け親にもなった。

実業家・ウィルキンソンは動く。鉱泉の近くにホテルも開業した。炭酸水の製造工場を見学するため国内外から大勢の人たちが訪れたが、その人たちに宿泊してもらうための洋式ホテルだった。その名も「TANSAN HOTEL（タンサン・ホテル）」。神戸と言えば港町、外国の船が入港すると、船長たちをホテルに案内して炭酸水を売り込んだ。そして1904（明治37）年に「ウヰルキンソン タンサン」という商品名が誕生した。一流ホテルが常備する高級品として広がっていき、アメリカ、カナダ、そしてアジア各国など海外30カ国近くに輸出され、国際的な人気を得ていった。

この「ウヰルキンソン タンサン」をベースに、ジンジャエール、トニック、レモネードなど多彩な商品が登場し、国内の老舗のバーには欠かせない飲料となった。フランスのランブイエで始まった先進国首脳会議（サミット）、1979（昭和54）年に日本で初めて東京を舞台に開催された時には、テーブルウオーターに選ばれて各国首脳の喉を潤した。10年後の1989年（平成元年）には「ウヰルキンソン」から「ウィルキンソン」へとロゴ文字を変更した。宝塚の山中でウィルキンソンが炭酸鉱泉を見つけて、ちょうど100年目のことだった。

500ミリリットルのペットボトルが登場した2011年（平成23）からは、何かを割るのではなく、スポーツで汗を流した後に炭酸そのものを飲む人が増えるなど、「ウィルキンソン」は「強炭酸」のシンボル的な存在となっていく。2020（令和2）年には13年連続で過去最高の売り上げを更新した。

一人のイギリス人が日本の山で偶然見つけた炭酸水が、食卓やスポーツに欠かせない飲料に成長した。「ウィルキンソン」の力強い泡は、近代国家への仲間入りを果たそうと〝日の出の勢い〟だった当時のニッポンを象徴しているようだ。

ファッション

04

EDWIN

［常見米八商店］

1961年

ジーンズブランド「EDWIN」は日本生まれ～命名秘話と創意工夫、60年の歩み

郷ひろみと浅野ゆう子が最初だった。それに続いたのは、木村拓哉、篠原涼子、松嶋菜々子、亀梨和也、相葉雅紀、藤ヶ谷太輔、最近では菜々緒に中島裕翔、菅田将暉……。ジーンズが似合う芸能人が選ばれるベストジーニスト賞の受賞者たちである。すっかり、日本のファッションとして定着したジーンズ。そのブランドの一つ「EDWIN（エドウイン）」は、実は日本生まれである。

繊維の町として知られる東京の日暮里に、戦後まもない1947（昭和22）年に創業した「常見米八商店」は、米軍が払い下げる衣料品の卸し業を営んでいた。そんな中、常見米八商店は、

アメリカの衣料品の中にあったジーンズに注目する。中古のジーンズの輸入を始め、洗い直したうえで、上野のアメ横などで販売をスタートした。

その後、新品のジーンズも扱い始めたが、「硬い」「縮む」「色落ちする」など気になる点が多く、日本人の肌にはなかなか合わなかった。

そこで、日本人の体形に合う穿《は》きやすいジーンズを自分たちの手で作ろうと、アメリカからデニムの生地を輸入して、日本で縫製を始めた。国内では他にも国産ジーンズ生産の動きはあったが、常見米八商店は東京の地で、仕立てに取り組んだ。１９６１（昭和36）年、国産のブルージーンズを発売するタイミングで、「ＥＤＷＩＮ」というブランド名を付けた。後に国産ジーンズの草分け的存在となるブランド「ＥＤＷＩＮ」が誕生した瞬間だった。２０２１（令和３）年、そのブランドは60周年を迎えた。

日本生まれなのに「ＥＤＷＩＮ」という名前はなぜ？　株式会社エドウインの担当者によると、ジーンズ生地のデニム（ＤＥＮＩＭ）、このアルファベット5文字を並び替えて、さらに「Ｍ」をひっくり返して「Ｗ」にして、組み替えたことが由来という。「ＤＥＮＩＭ」から「ＥＤＷＩＮ」へ。しかし、もう一つ、東京のかつての地名「江戸（ＥＤＯ）」と「勝利（ＷＩＮ）」を合体させたという説もある。「江戸ウイン」すなわち「江戸が勝つ」。これについては、実際に

「EDWIN」が海外進出した時のキャンペーンで使った言葉だそうである。

「日本のジーンズが世界でも売れますように、勝てますように」と願いを込めて。漢字で「江戸勝」と書かれたTシャツも売り出した。エドウインの担当者は笑いながら話してくれた。

「どうやら都市伝説になったみたいです」

1960年代に入ると、アイビーファッションなどの波に乗って、国産ジーンズの人気も急上昇。裾が大きく開いたベルボトムも登場する中、「EDWIN」のスタイリッシュなジーンズは、ストレートなシルエットが若者たちに評価された。1980（昭和55）年には「ストーンウオッシュ」という商品も登場した。その名の通り、ジーンズを石と一緒にもみ洗いして生地の表面をすり減らすことで、硬さをなくして柔らかくした。キャッチコピーは「擦りきれた新品」。人気漫画の主人公、スーパーサラリーマン「島耕作」をキャラクターに起用して、「職場にもジーンズを」というプロモーションを展開した。働き方改革ならぬ「ハキカタ改革」だとか。常に日本という市場を意識し続ける「EDWIN」の〝ジーンズ道〟は続く。

アメリカで人気だったジーンズを、見事に日本に定着させた「EDWIN」。その名前には、戦後日本のファッション界をリードしてきたプライドが、青くそしてまぶしく輝いているようだ。

食品・料理

05

お子様ランチ

［日本橋三越］

1930年

お子様ランチは日本生まれ
～そこに懐石料理伝統の〝魂と技〟を見た！

プレート（皿）の上はまるでワンダーランドのようだ。海老フライ、ハンバーグ、そしてスパゲティなど、子どもにとって魅力的な料理が所狭しと盛り付けられている。そんな「お子様ランチ」は日本生まれである。

ルーツは東京のデパートにあった。1930（昭和5）年、日本橋にある三越の食堂スタッフが、人気のメニューを少しずつ皿に盛り付けた子ども用の特別な定食を考えた。コロッケ、ハム、スパゲティ、卵サンドにジャムサンド、ケチャップライスには「三越」マークの旗が立つ。前年に世界恐慌が起きて、日本国内の不況も深刻な中、「せめて子どもたちにはデパートに来て楽しい気持ちになってほしい」という思いで発案されたと伝えられている。名付けて「御子様定食」。値段は30銭、現在の価値に換算すると約180円だった。

「お子様ランチ」という名前が登場したのは、その3カ月後のこと。ライバルの松坂屋が上野店で同じような子ども向けの定食を発売した。値段は三越と同じ30銭で、コロッケの他はオムレツやグリーンピースをのせたご飯など、メニュー内容は異なっていた。こちらはちょうど3月のデビューだったため、上野公園で花見をした家族連れに人気となった。その定食の名前が「お子様ランチ」で、次第にこのネーミングが定着していった。

料理の内容だけでなく、「お子様ランチ」には子どもたちを喜ばせる様々な工夫がなされていった。皿には新幹線や飛行機など乗り物をイメージしたものが登場。上野動物園に初めてパンダがやって来た時には、パンダの形をした皿もお目見えした。ケチャップライスの上の部分だけを白いご飯に替えて「富士山」に見立てた。その上には日の丸の旗が立てられた。1960年代になって特撮テレビのヒーロー「ウルトラマン」が登場すると、その小さなおもちゃがオマケに付いたこともあった。子どもたちに大変な人気で、休日には1日で1000食の注文があったそうだ。

その「お子様ランチ」だが、「美味しい料理をちょっとずつ」というコンセプトは大人にとっても魅力である。特に食べる量を控えたい年配の人や女性などを中心に、「お子様ランチ」を注文したいという大人も現れた。しかし、料理を作る側からすると、多くの種類を少しずつ盛り付けることは、実は大変な手間がかかる。利益もなかなか出しにくい。あくまでも大人には別メニューを選んでもらいたいと「注文は小学生以下まで」とする店が多かった。このため、あえて「大人のお子様ランチ」なる遊び心満載のメニューを出すレストランも登場した。発祥の店である三越デパート、例えば名古屋の星ヶ丘三越のレストランには、2022（令和4）年8月中旬まで880円の「お子様ランチ」があり、年齢制限なし、子どもから大人まですべての客が注文できたという（現在は営業終了）。赤い機関車のプレート、煙突部分からはドライアイスによって白い〝煙〟が出る演出は、世代を超えて食事の楽しさへと誘《いざな》ってくれた。

日本伝統の懐石料理には「八寸《はっすん》」と呼ばれるメニューがある、直径八寸（約24センチ）の盆に、季節の食材を中心に手の込んだ料理が少しずつ並ぶ。料理人の腕の見せどころだ。実は「お子様ランチ」は「八寸」のようなメニューかもしれない。

美味しいものをちょっとずつ。見ても楽しい、食べても楽しい。「お子様ランチ」には、日本料理の〝伝統〟そして〝魂と技〟が込められているのではないだろうか。

遊具・娯楽

06

オセロゲーム

［長谷川五郎］

1973年

世界中で人気の「オセロゲーム」は日本生まれ
～白と黒の逆転劇、その魅力と原点

世界中の愛好者の数が6億人ともいわれる人気ゲーム「オセロ」。実は戦後まもない頃の日本、青空の下で友だちと遊んでいた一人の少年のアイデアから誕生した。

茨城県水戸市に長谷川五郎という少年がいた。13歳の年に太平洋戦争が集結、しかし当時通っていた中学校の校舎は空襲によって全焼していた。そのため近くの土手に黒板1枚を立てた〝青空授業〟が行われていたが、その休み時間に長谷川少年は、白と黒の碁石を使って、挟んだら相手の石を取ることができるというゲームで友人たちと遊び始めた。最初は「挟んだら取る」というルールだったが、やがて「挟んだら相手の碁石の色を自分の色に置き換える」、すなわち、白が黒の石を挟んだら白の石に替える、黒の石の場合はその逆というルールに変更した。やがて、いちいち置き換えることが面倒になり、ボール紙を使って表と裏、それぞれに白と黒の色を塗った特製の駒を作った。ここに「オセロゲーム」の原点が誕生する。

長谷川少年は、大学に入学すると囲碁部に入ってキャプテンになる。卒業後は製薬会社に就職して、やがて結婚。妻と一緒に楽しもうと、趣味の囲碁を教えたものの、ルールが難しくて妻はギブアップ。その時、ふと思い出したのが、少年時代に故郷の土手で遊んだ〝あのゲーム〟だった。妻に教えたら大喜びでたちまち夢中になった。

「これはひょっとしたらとんでもないゲームかもしれない」

牛乳瓶の蓋《フタ》で白と黒の駒を作って、試作品として玩具メーカーの「ツクダ」（当時）に持ち込んだところ、ただちに採用された。1973（昭和48）年、「オセロ」と名付けられたボードゲームが発売された。その後、世界中を席巻する人気ゲームが生まれた瞬間だ。

実はこのゲームに「オセロ」という名前を付けたのは、長谷川の父親・四郎だった。英文学者だった四郎は、息子が発明したこのゲームを「面白い！」と気に入った次の瞬間、脳裏にはイギリスの劇作家ウィリアム・シェイクスピアが書いた戯曲が浮かんだ。その作品の題名こそが『オセロ』。シェイクスピアの名作で、彼の「四大悲劇」のうちの一つである。

主人公の軍人・オセロは黒人、妻のデスデモーナは白人、疑いと裏切り、誰が敵で誰が味方なのか、二転三転、次から次へと局面が入れ替わっていくストーリー展開は、「まさに息子の作ったゲームにぴったりだ」と四郎は考えた。物語の舞台がイングランドの大平原だったことから、盤の色は緑色になった。

「オセロゲーム」の駒の大きさは直径3・4センチ。これは、長谷川が試作品の際に使った牛乳瓶の蓋と同じサイズである。蓋を4枚貼り合わせた厚さも当時と同じ。発売当初から変わっていない。現在はオセロの公式規格にもなっている。歳月とともに「オセロゲーム」は世界中で愛されるゲームとなった。少年時代の遊びからゲームを作った息子、それに文学作品から名前を付けた英文学者の父。世界で人気のボードゲームは、そんな父子の〝共演〟から生まれたのだった。

白から黒へ、黒から白へ、一瞬にして展開が入れ替わってしまう「オセロゲーム」。世界中の人々がこのゲームを愛するのは、その分かりやすいルールとともに、それぞれの人生のドラマを「白と黒」「黒と白」大逆転の盤上に映し出しているからなのかもしれない。

街・交通

07

カーナビ

［本田技研工業株式会社・株式会社本田技術研究所］

1981年

日本で生まれた「カーナビ」～ドライブに欠かせない夢の案内システム誕生史

その画面モニターが運転席の横に初めて付いた時には、驚いた人も多かったのではないだろうか？　映し出されるのは地図、そして目的地へのルート。今でこそおなじみの「カーナビ（カーナビゲーションシステム）」は日本で発明された。

運転する車を自動的に目的地まで案内してくれる、そんな夢のシステムに挑戦したのは、本田宗一郎が戦後まもない１９４８（昭和23）年に創業した「本田技研工業株式会社」だった。「ホンダ」はオートバイや自動車のメーカーとして、世界中にグループ会社を保有する企業にまで成長することになる。

高度成長期が一段落する1970年代、日本のクルマ社会をとりまく環境は大きな問題と直面していた。増え続ける自動車の数、それに伴う渋滞によって、車での移動はドライバーにとっては心身を消耗するものであり、時に時間をロスするものでもあった。その解消方法が「クルマ自らが現在地を把握して目的地へ向かう」自動案内システムだった。

本田技研工業の子会社、「本田技術研究所」による開発が1976（昭和51）年に始まった。現在のようなデジタル地図はない時代、ドライバーはまず「出発地点」と「目的地」を専用のペンで印した透明な地図シートを、運転席横に取り付けられた15センチ四方のブラウン管画面にセッティングしなければならなかった。開発チームは、画面の地図に車の現在地と目的地へのルートを表示する研究に全力を傾けた。その位置情報入手を可能にしたのが、ホンダが総力を挙げて開発した二つのセンサーだった。

一つ目は「走行距離のセンサー」で、車のフロント部分に設置され、タイヤの回転数によって出発地点からの走行距離を算出した。これによって現在の車の位置を把握した。二つ目は「方向を示すセンサー」で、後部座席に設置され、車が東西南北どちらの方向に向かっているかを常に認識することが可能になった。これが「ガスレートジャイロ」と呼ばれる機器で、世界で初めて自動車に使われた。この二つのセンサーからの情報はマイクロコンピューターに集約されて、地図上の道路と〝合体〟されて、画面に表示された。

順調に進んでいたはずの走行実験だったが、大きな問題が見つかった。何度やっても目的地から外れてしまうルートが表示されたのである。実はすべての基本となる地図自体が正確ではないことが発覚した。参考にした10万分の1の地図では、10メートル幅の道路はわずか0・1ミリ。細かい部分は曖昧になっていた。ホンダの開発チームは自分たちで、正確な地図作りにも取り組んだ。

こうして完成した世界初の「カーナビ」は、1981（昭和56）年8月に発売されたが、売れ行きは芳しくなかった。価格は約30万円、大学卒の初任給が月11万円の時代、中古車1台が買えるほどの高値。利用する側にも戸惑いがあった。それでも、ホンダがその開発技術をオープンにしたため、他の自動車メーカーも追随した。CDロムのカーナビも登場する中、軍事用だったGPSシステムが東西冷戦の終結によって使用できることになり、車の位置情報などの精度は飛躍的に上がった。「カーナビ」は今や世界中でドライブに欠かせない装備品となった。

世界で最初に「カーナビ」を開発した日本のクルマ技術。ハンドルを握る人たちを案内した目的地には、見知らぬ土地でも自由に気軽に運転できるという〝ドライブの楽しみ〟が待っていた。

薬・医療

08

角膜コンタクトレンズ

［田中恭一］

1951年

日本で生まれた角膜コンタクトレンズ
～歴史が語る開発魂と熱きチャレンジ

今や多くの人が愛用している「コンタクトレンズ」。欧米が先行して開発した〝目に入れるレンズ〟を日本で創り上げるまでには、ゼロから新たな何かを生み出すことに挑戦した若き開発者の熱き日々があった。

「コンタクトレンズ」の原理を発見したのは、16世紀の初め、イタリアの芸術家であり発明家でもあるレオナルド・ダ・ヴィンチだと伝えられている。水の入った球体のガラス容器に顔をつけて、中で目を開くと周りの景色が全く違って見えた。ダ・ヴィンチは得意のイラストで水の中で見た状態を描き、視力に与える影響を後世に伝えた。その原理に基づいて、19世紀末から欧米で「コンタクトレンズ」の開発が始まり、20世紀に入ってプラスチックの登場とともに、商品化されていった。

愛知県木曽川町（現在の一宮市）に、1931（昭和6）年に生まれた田中恭一。太平洋戦争が終わった翌年、15歳の田中少年は、名古屋市内のメガネ店でレンズの加工などをする仕事に就いた。店には常連客として進駐軍の将校夫人が通っていたが、ある日、店にやって来て、こうつぶやいた。

「私はコンタクトレンズを持っているのよ」

メガネ店で働いていただけに、田中は海外に〝目に入れるレンズ〟が存在することは知っていた。しかし、実物を見たことがなかった。

「是非、見せて下さい！」

こう頼んだものの、将校夫人は、とても大切な物であり、万が一壊れたら困るといって見せてくれなかった。それが田中の発明魂に火を付けた。「だったら自分で作ってやる」。田中の「コンタクトレンズ」作りが始まった。目に入れるレンズとは一体どんなものなのか？どんな形？　材料は何？　目にはどうやって入れる？　痛くないのか？　まさに〝未知への挑戦〟手探りの開発が始まった。自分の目や家族の目を見て、眼球の形をスケッチしてイメージを育んだ。眼鏡のフレームに使われていたプラスチックを使って試作品を開発、戦時中に身に付けた旋盤の技術やレンズの加工などの経験が役に立った。レンズの試作品ができて、次はいよいよ目に入れる段階になった。家族は猛反対したが、田中の意志は揺るがない。「目は二つある。一つつぶれても大丈夫」と試作品を自分の目で試したのだった。自転車に乗って風の影響を調べたり、川で泳いで外れないかをチェックしたり、開発の日々は続いた。

そして1951（昭和26）年に、田中は「コンタクトレンズ」を商品化した。

それまで海外にあったコンタクトレンズは、白目の部分まで覆う直径20ミリもの大きなものだったが、田中のレンズは黒目部分のみに着ける、ほぼ半分のサイズで、直径11ミリという小さなものだった。この「角膜コンタクトレンズ」こそ、日本が独自に進化させた画期的な商品だった。サイズが小さく目に入れやすいことから、使う人には好評だった。

田中は、その翌年、自らの21歳の誕生日に「日本コンタクトレンズ研究所」を立ち上げる。デザイン、品質、何より使い心地を大切に、コンタクトレンズ開発の道を駆け抜けていく。1973（昭和48）年には、ソフトレンズを開発した。それまでのハードレンズには、どうしても目に入れた時に違和感があったが、水分を含んだ軟らかい素材を使うことで、その問題をクリアした。スポーツ選手なども積極的に使用するようになった。6年後にはレンズが酸素を通す画期的なレンズも開発し、レンズを装着する時間も延びた。そして、使い捨てレンズの誕生と、「コンタクトレンズ」は日本において大きな進化を遂げた。田中が始めた日本コンタクトレンズ研究所の現在の会社名は「株式会社メニコン」。メニコンという名前は「目にコンタクト」から取ったことは、よく知られている由来である。

文具

09

カッターナイフ

［岡田良男］

1956年

カッターナイフは日本生まれ～発明のきっかけはガラスの破片と板チョコだった

刃を出して切る。切れ味が悪くなったら刃を折ってまた使う。おなじみの文房具「カッターナイフ」、実は日本で生まれた文房具である。そこには思いもかけない開発秘話があった。

カッターナイフを生み出したのは、大阪市にある「オルファ株式会社」の創業者、岡田良男。「折る刃」＝「オルファ」という社名が発明の歴史を象徴している。岡田の実家は印刷用の紙を断裁する工場だった。岡田少年は小さい頃から工作好きで、ハサミやナイフをよく使っていたという。13～14歳の時に太平洋戦争の空襲で焼け出された岡田は、見習いの電気工として働き始め、やがて印刷会社に勤める。ここで印刷用の紙をカミソリの刃で切断していたが、危ない上に両端の刃先しか使えず、切れなくなると中央部分はまだ切れるにもかかわらず捨てていた。

「もったいない」

そんな岡田に、後に世界的な道具の発明に結び付く二つのヒントが舞い降りる。

まずは、街の靴職人の仕事。靴底を削るためにガラスの破片を使っていたが、切れ味が落ちると破片を割って、鋭利にした面で削り続けていた。もう一つは、少年時代の記憶だった。終戦を迎えた後、日本にやってきた進駐軍のアメリカ兵たちが食べていた「板チョコ」。上手に割ってチョコレートを食べていたその光景が、靴職人の仕事と結び付いたのだった。板チョコのように、刃の部分に切れ目を入れておいて、ポキポキと折って使っていけば、1枚の刃を何回も切れ味よく使えるのではないか。折る刃式カッターナイフ誕生の道筋が見えてきた。

開発において最も苦労したのは「使う時は折れなくて、刃を替えたい時は簡単に折れる」という構造にすること。切れ目の角度と深さが、最大のポイントだった。試行錯誤を重ね、1956（昭和31）年、ついに試作品「折る刃式第一号」が完成した。大手メーカーに早速製造を持ちかけたが「刃物は折れたらダメ」「売れない」と言われ、最後には町のプレス工場に依頼して3000本を作った。しかしサイズも形もバラバラなものだったので、自分で一つ一つ手直しした。ここで電気工の経験が生きたのだった。人生においての経験で、無駄なものはないのだろう。あとは自分自身の発想とアイデア。そして1959（昭和34）年、ついに「折る刃式カッターナイフ」が発売されることになる。

「カッターナイフ」（cutter knife）という言葉は和製英語である。「カット（cut）するナイフ（knife）として命名されたが、純粋に英訳すると「utility knife」となる。しかし、国によっては「Japanese knife（ジャパニーズ・ナイフ）」と呼ばれるほど、日本発の「カッターナイフ」は世界中に広がった。その販売先は100カ国以上にもなるという。工作好きだった少年が考え出した文房具は、今や世界中で欠かせないツール（道具）となったのだった。

岡田がもう一つこだわったのが本体の〝色〟。岡田は黄色を選んだ。理由は「暖かみのある色」、そして薄暗いところや、工具箱の中でも〝目立って〟見つけやすいようにという使う人への心配りだった。現在も黄色は、オルファの〝企業カラー〟である。

戦後初めて見たアメリカの板チョコをヒントに生まれた、折る刃式の「カッターナイフ」。「黄色」は職人・岡田良男の〝志〟と〝夢〟と、そして〝真心〟が込められた色でもある。

食品・料理

10

カニカマ

［株式会社スギヨ］

1972年

実はまったく別の食品の〝失敗作〟から生まれた驚きの大人気珍味

インスタントラーメン、レトルトカレーとともに、戦後ニッポンの「食品三大発明」といわれる「カニカマ」。この〝蟹味のかまぼこ〟には、〝偶然〟と〝必然〟が絡み合ったユニークな誕生物語がある。

日本海の波と風が押し寄せる能登半島。石川県七尾市の「株式会社スギヨ」は、1640（寛永17）年創業。1868（明治元）年には焼きちくわなどの練り物の製造を始めた水産加工メーカーである。このスギヨに、ある依頼が舞い込んだ。1960年代後半、日本と中国の関係が悪化し、中華食材であるクラゲの輸入が停止。そこで「人工のクラゲを作ってほしい」という要望が殺到し、これまで培ってきた練り物作りの技術によって、人工クラゲ作りが始まった。

コリコリとしたクラゲ独特の食感を求めて、アルギン酸ナトリウムと塩化カルシウムを混ぜると固まるという特性などを利用して、プロジェクトチームの開発は続いた。そして季節がひと回りした1年後、人工クラゲの試作品ができ上がった。しかし、できた製品に醤油をかけて食べてみると、それは柔らかくなり、残念ながらクラゲとはまったくの別物だった。失意の中、それを細かく刻んで食べてみた開発スタッフの一人が叫んだ。「これは蟹だ！」

能登の人たちにとって、蟹は食卓に欠かすことができない食べ物だった。クラゲはできなかったが、であれば得意の蒲鉾作りの技術で「蟹の身を作ろう！」。開発のテーマは一気に「人工蟹身」へとシフトチェンジした。原料には、臭みのない白身魚のスケトウダラを使った。そのすり身と塩の組み合わせで弾力を調整。味付けには昆布とカツオの出汁に、蟹の殻から取り出した蟹エキスを使った。蟹らしい色付けにも工夫し、さらに独自の製造機械まで開発した。そして、1972（昭和47）年に世界初の蟹風味の蒲鉾「かにあし」が誕生した。

しかし、東京の築地市場での反応は、最初いまひとつだった。「刻んだ蒲鉾は売れない」と多くの問屋が「かにあし」を敬遠したが、それでもスギヨの営業担当者は、仲間が作った新製品を懸命に売り込んだ。そして2カ月後、老舗の水産加工メーカーがその技術を駆使して作った「かにあし」は、粘り強い営業努力の甲斐もあって一気に認められた。市場に配送トラックが届くと、仲買人が「かにあし」を取り合う人気商品になった。他の水産会社も次々と蟹の蒲鉾作りに参入した。スギヨは、当初の「かにあし」を進化させ、〝蟹の脚〟に見立てた棒状の商品も開発。２００４（平成16）年には、より本物に近いカニカマ「香り箱」を売り出し、贈答用の木箱風パッケージも登場。まさに「本物の蟹を超えた蒲鉾」との評価を得た。

この「カニカマ」、英語で「ｃｒａｂ ｓｔｉｃｋ」「ｓｅａｆｏｏｄ ｓｔｉｃｋ」とも呼ばれたが、今では「ＳＵＲＩＭＩ」と言えば「カニカマ」と、世界的な認知を得た。スギヨは現在14カ国に「カニカマ」を輸出。アメリカでは、スーパーボウルを観戦しながら、「カニカマ」をカクテルソースにつけて食べるスタイルが定着したという。ヨーロッパでは、サラダやサンドイッチ、パスタ料理にと幅広く使われ、世界各地で人気の寿司ネタになっている。

生まれは偶然だった「カニカマ」。スギヨの公式ホームページには、力強い言葉でこう書かれている「運命を変えた、奇蹟の失敗作」。しかし、その〝偶然〟を〝必然〟に変えたのは、長い歳月、精魂込めて蒲鉾作りに歩んできた老舗の職人技と開発魂だった。２０２４（令和６）年の能登半島地震でスギヨの工場も大きな被害を受けた。今度は「運命を超えた、奇蹟の復活劇」を信じて、心からのエールを送りたい。

電化製品

11

乾電池

［屋井先蔵］

1887年

「乾電池」は日本で生まれた！雪国に育った時計職人が発明した生活必需品

私たちの暮らしに欠かせない「乾電池」は日本で生まれた。その誕生には、雪国である越後で生まれ育った一人の時計職人の、まさに寝食を忘れるような研究努力があった。

乾電池は「乾いた電池」と書く。実は、電池は最初〝湿って〟いた。液体電池だったからだ。世界で最初に電池を発明したのは、イタリアの物理学者アレッサンドロ・ボルタである。ボルタは、銅など2種類の金属を電解液の中に入れることで化学反応を引き起こして電気を生み出す「ボルタ電池」を、１８００（寛永12）年に創り出した。電圧の単位である「ボルト」は、ボルタの名前から付けられた。電気を生み出す仕組みに液体は必要不可欠なものなのだが、こぼれないように持ち運ぶことは大変だったという。そんな液体電池は、アメリカのペリー艦隊が黒船で来航した江戸時代の末期、幕府への土産として日本に初めてもたらされた。

日本で新選組が結成され、アメリカでは南北戦争の真っ只中だった1863(文久3)年、越後長岡藩(現在の新潟県)に、一人の男の子が誕生した。屋井先蔵《やいさきぞう》である。明治時代に入って、屋井は東京の時計店で丁稚《でっち》として働き始める。その後、故郷の長岡に戻った屋井は、22歳の時に、電池を組み込んで時計を動かす「電気時計」を発明した。時を刻む正確さは評価されたものの、使われていたのが液体電池であったため、液体がこぼれて部品が錆《さ》びるうえ、冬になると液が凍結してしまい、せっかくの時計も止まってしまった。

「何とかしなければ」と、屋井は電池の改良に挑む。昼間は職場の仕事、夜は電池の改良と、平均睡眠時間が1日あたり3時間だったと伝えられている。屋井は、液体が沁み出さないよう、水に溶けないパラフィン(石蝋《せきろう》)を使うことで液体を固めて漏れをなくし、さらに金属のケースでそれを包み込んだ。1887(明治20)年、記念すべき「乾電池」の誕生である。「屋井乾電池」と名付けられた初期の乾電池は、高さ12センチの大きさの四角柱だった。

ところが、画期的な発明だった「屋井乾電池」はまったく売れなかった。当時の日本にはそもそも乾電池で動かすような電化製品そのものが多くなかったからだ。それでも、1893(明治26）年にシカゴで開催された万国博覧会に出品された地震計の電源として、世界から注目を集めた。大きな評価を得たきっかけは1894（明治27）年に勃発した日清戦争だった。戦場での連絡に欠かせない電信機のために、陸軍から「屋井乾電池」に大量の注文が届いた。戦地の満州は寒く、冬には氷点下の世界。従来の液体電池はすぐに凍ってしまい使いものにならなかったが、「屋井乾電池」はその力を十分に発揮した。「日本の勝利は乾電池によるもの」とニュースでも大きく報じられて、屋井の研究成果は、一躍注目を集めた。その後、屋井は会社を設立して、「乾電池」の大量生産に乗り出していった。

日本の「乾電池」は、1942（昭和17）年に「単1形」「単2形」という規格ができ、さらに1951（昭和26）年に「単3形」、1956（昭和31）年に「単4形」「単5形」が開発され、今日の姿へと歩んでいく。パワーがあり長持ちするアルカリ電池、小さな電流で懐中電灯やリモコンなどに使い勝手の良いマンガン電池など、その種類も増えた。屋井の出身地である新潟県長岡市には、リチウムイオン電池の部品工場ができるなど、今も「電池のまち」として歩んでいる。

「乾電池」を手にしながら、凍てつく寒さの雪国で生まれた一人の時計職人に思いを馳《は》せてみる。その開発への心意気がなければ、世界で最初となる乾電池は生まれなかった。

文具

12

消せるボールペン

［株式会社パイロットコーポレーション］

2006年

まさに世界革命！
日本生まれの「消せるボールペン」登場の衝撃

戦後、進駐軍のアメリカ兵によって日本に持ち込まれた「ボールペン」は、ニッポンの開発技術によって、鉛筆型、水性インク、3色ボールペン、ゲルインクといった商品を生み出し、目覚ましい進化を遂げてきた。そして、ついに世界をあっと驚かすボールペンが誕生することになる。

戦後まもない1948（昭和23）年、愛知県名古屋市昭和区に、パイロット万年筆のインクを製造する工場ができた。2年後には「パイロットインキ」という会社名になって独立、グループの一翼を担うことに。そして、同社には岐阜大学で工業化学を専攻した中筋憲一《なかすじのりかず》という社員がいた。何か新しいインクはできないかと考え続けていた開発魂あふれる中筋。愛知県にある紅葉の名所、足助香嵐渓《あすけこうらんけい》を訪れた時に、一つのアイデアが閃《ひらめ》いた。夏は緑、秋が深まると真っ赤に染まる木々の葉のように色が変化するインクを作ることはできないだろうか？

早速「熱によって色が変わるインク」の開発に乗り出した。色の素（色の成分を持つ無色の薬品）、発色成分（色を出す薬品）、そして温度によって、この二つをくっつかせたり離れさせたりする薬品。この3種類の薬品を小さなカプセルに入れて、温度をいろいろ変えてみた。ドライヤーで温めたり、冷蔵庫で冷やしてみたり、こうしてでき上がったインクは、高温と低温で、それぞれ色が変わった。温度で色が変わるインクの完成である。このインクは、ラテン語で「変化する」を意味する「メタモルフォーゼ」という言葉から「メタモカラー」と名付けられた。1975（昭和50）年には特許も申請した。

ところが、この画期的なインクは会社の主力商品である万年筆に使われることはなかった。筆記具というものは、何かを〝書き残す〟ための道具。温度によって色が変わってしまっては、その役割を果たせない。パイロットという万年筆メーカーのグループ会社が開発した「メタモカラー」は、最初は筆記具とはまったく別の商品に使われることになった。1976（昭和51）年発売の「魔法のコップ」は、花咲か爺さんと枯れ木のイラストが描かれたコップで、冷たい水を注ぐと枯れ木に花が咲いた。1985（昭和60）年発売の「まほうのフライDEこんがり」は、無色の衣をつけた海老のおもちゃを冷水の入った鍋に入れると、こんがり黄金色に変わった。「メタモカラー」の活躍舞台は玩具の世界だったのである。

そんな折、グループの外国人幹部のひと言によって新たな扉が開いたのだった。パイロットコーポレーションの欧州代表であるフランス人が、開発チームに問いかけた。

「ある色から別な色に変えるのではなく、ある色から透明にすることはできないか？」

それは「〝消せるボールペン〟は作れないか？」という意味だった。この提案の背景にあったもの、それは日本とヨーロッパの文化の違いだった。鉛筆を使う日本と違って、ヨーロッパでは、小学生も万年筆やボールペンでノートに字を書いていた。書き間違えた場合、鉛筆ならば消しゴムで消せる。しかしボールペンではそうはいかない。棒線を引いたり、インク消しの薬品を使ったり、子どもたちにとっても修正する作業は大変だった。「消せるボールペンがあればいい」という日本人には思い付かない驚きの発想だった。

温度によって字が消えるボールペンを作るためには、色が変化するまでの温度差を広げる必要があった。そうでないと、消した文字が簡単に浮かび上がってしまう。ボールペンの背に付けたラバー、いわゆる〝消しゴム〟でこすると、その摩擦熱で60度以上になり、インクは透明になった。マイナス20度まで冷やさなければ、消えた文字が再び浮かび上がらないよう、色の変化が生じる温度差を実に85度にした。こうして「消せるボールペン」が完成した。英語の「摩擦（ＦＲＩＣＴＩＯＮ）」から、商品名は「ＦＲＩＸＩＯＮ（フリクション）」と決めた。

「フリクションボール」は、２００６（平成18）年１月、フランスをはじめヨーロッパ各国の文具店の店頭に並んだ。発売と同時に圧倒的な人気を集め、１年間で７５０万本を売り上げた。この人気を受けて、翌年には日本でも発売された。色の種類も増えて、若者を中心に大人気の筆記具になった。中筋たちが「メタモカラー」というインクを開発してから、実に30年もの歳月が流れていた。「フリクションボール」をはじめとする「消せるボールペン」は、２０２３（令和５）年までに全世界で44億本を売り上げている。

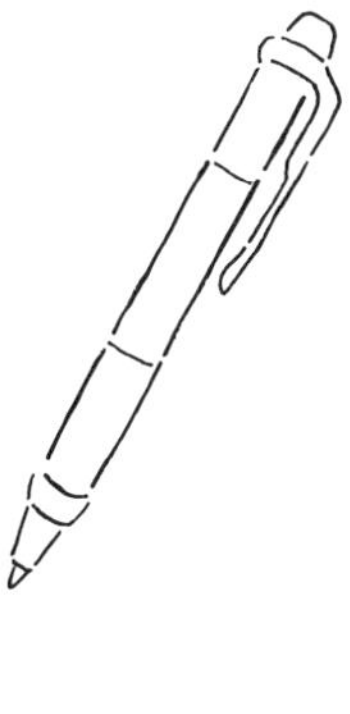

暮らし

13

ごきぶりホイホイ

［アース製薬株式会社］

1973年

ゴキブリを捕まえて半世紀の優れもの「ごきぶりホイホイ」誕生秘話

ゴキブリは、海外でも多くの国に生息していて、その種類は約4600（アース製薬調べ）ともいわれる。駆除するために、駆除剤を使うなど〝ゴキブリとの戦い〟は世界各国で行われてきた。

高度成長期のピークを迎えた1970年代前半、日本でも次々とマンションが建ち、暖房によって暖かい室内環境ができたため、屋外のゴキブリたちも家の中へと〝住まい〟を替えた。

当時はプラスチック製の丸型の容器の中にエサを置いて捕まえていた。しかし、ゴキブリの姿を視認して、水に浸けるなどの殺処分をしなければならず、利用者には精神的な負担もあった。「この不快さや負担を取り除くことができる商品を生み出したい」。1892（明治25）年に大阪で創業し、駆除剤などを製造していた「アース製薬株式会社」が開発に乗り出した。

なかなかいいアイデアが浮かばない中、当時社長だった大塚正富は、夏のある日、バスに乗って、兵庫県赤穂市にある同社の工場へ向かっていた。車窓から蝉の声を聞き、子どもの頃に蝉捕りをしたことを懐かしく思い出していた時、ある考えが閃《ひらめ》いた。蝉を捕まえるのに、たしか当時は粘着性のあるトリモチを使っていた。粘着力のあるものを使用することでゴキブリも捕まえることができるのではないか。早速、研究員を集め、すでに商品化されていたハエ取りリボンの上に、試しにゴキブリをのせてみたところ、ものの見事にくっついた。「箱の中に粘着剤を仕掛けて、ゴキブリを捕えたらそのまま捨てる」というアイデアが生まれた瞬間だった。

開発の課題は二つあった。効果的にゴキブリを捕まえるのに適した「箱の形」、そして逃げられないようにする強い「粘着力」。ゴキブリは暗い所に隠れる習性があるため、暗い色の紙で高さの低い箱を作成。箱は家の形状にし、その底部分に粘着剤を塗って、真ん中付近にエサを置いた。これでゴキブリを捕まえることができるはずだった。しかし、1匹も捕獲できない。実は、ゴキブリには敏感な触角があって、下に塗ってある粘着剤に触れただけで、警戒して近づかなかったのだった。そこで、箱の入り口を上り坂にした。傾斜は45度。これで触角は役目を果たさなくなり、ゴキブリはどんどん箱の中に入ってくるようになった。

粘着剤はゴキブリが嫌がらない原料を用いて、「乾燥しにくく」「強力で」「長持ちする」ものを開発した。こうして、1973（昭和48）年、ついに商品が完成。商品名は、当時の怪獣ブームにあやかって当初は「ゴキブラー」にしようかと検討したが、いかにもおどろおどろしい。「ゴキブリをホイホイ捕まえることができる」という思いを込めて、「ごきぶりホイホイ」とした。この画期的な新商品が誕生して、2023（令和5）年でちょうど半世紀となった。

発売当初は、粘着剤は別のチューブに入っていて、使用する前に、箱の底部分に描かれている線に沿って、それを塗ってセットした。しかし、その手間を省くため、あらかじめ粘着剤を塗った上にシートを被せて、シートを剥《は》がすだけで使用できるように改良した。また、ゴキブリの足についている油分や水分によって、粘着力が弱まることが分かり、箱の入り口でそれを拭う「足ふきマット」も取り付けた。ゴキブリを誘うエサも、肉、魚、野菜などをブレンドして、よりゴキブリが好む匂いを発散させるようにした。

「ごきぶりホイホイ」は現在、30カ国以上に輸出されている。アルファベットで「ＨｏｙＨｏｙ」と書かれたパッケージは、国ごとに箱の色やデザインを変えるなど工夫がなされていて、大人気の商品となった。今日も地球上のあちこちで、次々とゴキブリたちを捕まえている。

暮らし

14

コロコロ

［株式会社ニトムズ］

1983年

粘着クリーナー「コロコロ」の驚きの誕生秘話に見る、熱き開発魂と究極のアイデア

「コロコロ」には随分世話になっている。服の埃《ほこり》を取ったり、床の汚れを掃除したり、愛犬が存命だった頃は、その抜け毛などを取るのに重宝した。粘着カーペットクリーナー、その名も「コロコロ」といえば、今や多くの人が知っている人気商品。実はこのアイデア商品は日本で誕生した。

大阪に本社がある「日東電工株式会社」は、100年余りの歴史を持つ総合部材メーカー。産業用の主力商品である粘着テープの技術を、一般家庭の暮らしの中で生かすことはできないかと、新商品を開発するプロジェクトチームを立ち上げた。1975（昭和50）年には、その組織を独立させて「株式会社ニトムズ」という新会社にした。本社は東京。ニトムズの使命は、

新しいヒット商品を開発すること。〝粘着技術〟を応用した新製品を生み出すため、月に100件を目標にして社内でアイデアを募っていた。「窓ガラスに貼って暖かさを保つ断熱シート」「ゆで卵の殻むきテープ」、そして「産毛を取るテープ」……なかなか決め手を欠く中で、商品化されたのはゴキブリを捕獲する棒だった。長さ40センチの棒の先に9センチ四方の粘着テープが付けられていて、ハエたたきのようにゴキブリを捕まえてテープごと捨てる。商品名は「ゴキ逮捕!」。テレビコマーシャルも作って大々的に売り出したが、そこに予想もしなかった問題が浮上した。

実際に使ってみると、ゴキブリの動きが早すぎて簡単に捕まえることができない。おまけに、壁や家具のすき間に逃げ込まれると、もう手が出ない。画期的な新製品だと思われた「ゴキ逮捕!」はまったく売れずに、会社の倉庫には在庫の山が積み上がった。

そんな売れ残り品の整理をしようと倉庫にいた開発スタッフは、ある日、その倉庫で不思議な光景を目にした。一人の女性社員が梱包用の粘着テープをぐるぐると丸めて、自分の服についた小さなごみを取っていたのだ。「これだ!」。動くゴキブリを獲ることはできなかったが、動かないごみや埃なら取ることができる。「これは新しい掃除道具になる」開発チームが動き出した。まさに発想の転換だった、ペンキを塗るローラーを参考に、Ｔ字型の形状をイメージした。丸い筒に粘着テープを巻いて、それを転がすことで何度も使用できる仕組みにした。開発のポイントは二つあった。まず「粘着力の強さ」。弱いとごみを取り切れない、強いと床などにくっついてしまいスムーズに転がらない。何度も接着剤の配合を繰り返し、理想の強度まで調整した。次に「接着剤の塗り方」。全面に塗るのではなくテープに〝すじ状〟に塗ることで表面が凹凸になり、カーペットの奥にある埃まで取ることができるようになった。

使う人の立場に立っての工夫はまだまだほかにもあった。転がす方向に向けてテープに矢印マークを印刷した。ごみの取れ具合が分かるように、テープの色は白にした。使用済みのテープは切り取って、１枚剥《は》がすと次のテープが出てくるようにしたが、テープの端は粘着加工せずに剥がしやすくした。柄の長さも使う用途に合わせて、長いもの短いもの、種類を豊富に揃えた。さらに、その後は伸縮できる商品も開発した。

１９８３（昭和58）年に完成した粘着カーペットクリーナーは、発売と同時に人気商品になった。店を訪れる人たちの多くが「あの〝コロコロするもの〟がほしい」と買い求めてきたため、２年後には商品名を「コロコロ」として商標登録した。日本で生まれた画期的な掃除用商品「コロコロ」の誕生だった。

「コロコロ」の進化は続く。用途に合わせて様々な種類の「コロコロ」が登場した。例えば洋服用は、服の繊維が毛羽立たないように粘着力を弱くした。一方、車用は、車内の床の砂の粒なども取ることができるように、逆に粘着力を強めにした。カーペット、フローリング、そして畳など、どんな床でも掃除ができる「フロアクリン」も開発。まさに日本の生活様式の変化とともに歩み続けている。さらに、指紋の汚れを取る「指紋コロコロミニ」という、スマートフォンの表面をきれいにするユニークな商品も登場した。現在も家庭の中に自然に溶け込むデザインや使用方法の追求が続いている。日本生まれの「コロコロ」は海外にも進出し、中国、韓国、そしてアメリカでも人気の商品に成長した。

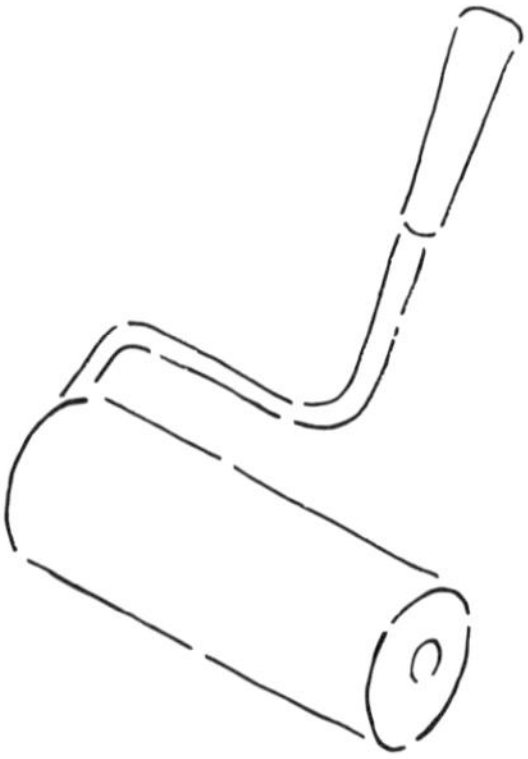

街・交通

15

自動改札機

［立石電機株式会社］

1967年

駅の混雑を解消せよ！世界初の「自動改札機」を生んだ日本の技術者のチャレンジ魂

高度成長期の日本では、都市部の通勤ラッシュが深刻な問題になっていた。駅の混雑を解消する方法はないのか？　日本生まれ「自動改札機」の誕生に向けてプロジェクトが動き出した。

１９６０年代初頭の日本は、１９６４（昭和39）年の東京五輪開催を控え、社会全体が大きなうねりを上げて動いていた。大阪の町でも、毎朝、駅の改札には長い行列ができて、人混みによるケガ人も出ていた。その混雑を解消するために名乗りを挙げた企業があった。「立石電機株式会社」、現在の「オムロン株式会社」である。テーマは「改札の自動化」だった。

オムロンは、１９３３（昭和８）年に「立石電機製作所」として大阪で創業した。創業者は立石一真。熊本県出身で、熊本高等工業高校（現・熊本大学工学部）の電気科を出た後に電機業界に進んだ人物だ。「レントゲン撮影用のタイマー」「マイクロスイッチ」など立て続けに開発を進めてきた同社が、「自動改札機」の開発に乗り出すことになった。実は、そもそもの開発の第一歩は、ある鉄道会社と大阪大学の間で進んでいた。そこに装置開発メーカとして参画したのが立石電機だった。創業者の立石が築いた社風は「まずやってみる」。世界初の挑戦が始まった。

立石電機は、1963（昭和38）年に百貨店のレストランに「食券自動販売機」を導入していた。この食券販売機は国際見本市にも出品されたが、120種類もの食券を販売できる優れたものだった。また翌年には、車を検知して信号を切り替える世界初の「自動感応式信号機」も開発していた。こうして培ってきた磁気や光学の技術を結集して「自動改札機」の開発を進めた。

さて、この「自動改札機」を最初どこの駅に設置するか？　当時の日本では、「人類の進歩と調和」をテーマとする世界的なイベントが近づいていた。1970（昭和45）年の大阪万博である。会場へ大勢の観客を運ぶために千里線の延長計画を進めていた阪急電鉄と、新しい北千里駅に「自動改札機」を置くことで合意、1967（昭和42）年の駅開業と同時に世界初の本格的な「自動改札機」が10台お目見えした。

北千里駅には自動改札機とともに、「自動券売機」と「カード式定期券発行機」も設置された。立石電機が開発した3点セットによる〝無人駅システム〟が万博会場の目の前で実現したのだった。もっとも、最初は乗客も戸惑った。改札機に定期券ケースごと入れたり、紙幣やコインを入れたりと混乱もあった。このため、立石電機の担当者や駅員たちが改札に待機して、利用者に使い方を丁寧に説明したという。「自動改札機」は、駅員が改札に立つ必要がないという人員の「省力化」と、「自動化」による混雑解消、この二つの点で駅に画期的な進歩をもたらしたのだった。現在、オムロンによる自動券売機や自動改札機などの「駅務システム」の国内シェアは業界トップクラスとなった。

大勢の人が行き交う駅に〝革命〟をもたらした日本のテクノロジー。高度成長期のニッポンに生まれた「自動改札機」は、今や鉄道の駅で混雑解消に欠かすことができないシステムとして活躍している。

文具

16 シャープペンシル

【早川徳次】

1915年

日本で生まれた実用型シャープペンシル ～ノックの音が職人魂の鼓動のように響く

今や学校生活では欠かせない文房具となった「シャープペンシル」は日本生まれである。もともとのルーツはイギリス、またはアメリカなど諸説あるが、実用型として広く使われるシャープペンシルを生み出したのは、日本の金属細工職人（かざり職人）の早川徳次だった。

東京の日本橋に生まれた早川のもとに、大手の文具製造店から舶来の「繰り出し式ペン」の内部に使う部品の注文がきた。目の前には海外から届いた繰り出し式ペンがあった。芯が丸くなったら新たに繰り出す機械仕掛けのペン。しかし、そのボディーはセルロイド製で太くて使いにくい。中に入っているブリキの金具は錆《さ》びつくと芯を送り出すことができなくなった。「このペンを買う人は気の毒だ」と早川の職人の血が騒ぐ。ボディーを回転させると芯が出てくる構造に着目した早川は、真鍮《しんちゅう》を細く絞ったパイプ型のボディーにすることで、芯棒がスムーズに芯を押し出す仕組みを開発し、さらに金属細工の腕を発揮して、ペン全体を金属製に作り替えた。1915（大正4）年、シャープペンシル第1号「早川式繰出鉛筆」の誕生だった。

芯は1・15ミリと太かった。さらに、和服での使用には合わないなどといわれ、最初は日本国内でまったく売れなかったが、欧米からは注文が殺到した。海外での高い評価によって、「早川式繰出鉛筆」の評判が国内でも広がり始めた。そして翌年、芯をさらに細くした新作「エバー・レディー・シャープ・ペンシル」が登場した。「常にとがった芯が用意されている鉛筆」という名前の、この実用型シャープペンシルは大ヒットした。この「とがった」という「シャープ（SHARP）」という言葉は、後になって大きな意味を持つことになる。

好事魔多し。1923（大正12）年の関東大震災が早川を襲った。震災により二人の子どもと全身に火傷を負った妻を亡くした。工場も失った。早川は自らが開発した「シャープペンシル」の特許を、日本文具製造というメーカーに売却して、東京から大阪へ移り住んだ。

その後「シャープペンシル」はさまざまな会社が製造し、日本で独自に成長を続ける。戦後、「シャープペンシル」に大きな革新をもたらしたのがクレヨンなどの画材を生産していた「大日本文具株式会社」（現・ぺんてる株式会社）。1960（昭和35）年に「ノック式」のシャープペンシルを発売した。芯の太さは０・９ミリ。２年後には０・５ミリの芯が登場した。画数の多い漢字を書く日本で、この０・５ミリの芯は重宝された。芯の材質も、それまでの粘土に代わって世界に先駆けて合成樹脂を使ったハイポリマーになり、滑らかで折れにくく、そして色も濃くなった。「シャープペンシル」は、書きものに欠かせない文房具になった。

一方、早川の歩む道も未来へと着実に続いていた。大阪に移った早川は「早川金属工業研究所」を立ち上げる。１９２４（大正13）年9月1日、早川からすべてを奪った大震災からちょうど1年たった日のことだった。早川は、鉱石を使ったラジオ受信機の製造に乗り出すなど、今度は電化製品開発への歩みを始めた。会社は「早川電機工業株式会社」という名前を経て、大阪で日本万国博覧会が開催された１９７０（昭和45）年に、「シャープ株式会社」と社名を変更した。世界的ブランド「シャープ（ＳＨＡＲＰ）」、そこには、早川が発明した「シャープペンシル」から、こだわりの文字が使われたのだった。奈良県天理市にある「シャープミュージアム」には、創業者である早川が最初に作った「早川式繰出鉛筆」が大切に展示されている。

海の向こうから伝わったアイデアを、人気の文房具に作り上げたかざり職人の技と心意気。「カチカチ」と「シャープペンシル」をノックする音は、モノづくりニッポンのパイオニア魂、その鼓動のように聴こえてくる。

文具

17

修正テープ

［シードゴム工業株式会社］

1989年

発明のヒントはカセットテープ！日本生まれの「修正テープ」、その開発への努力と心意気

世界に先駆けてプラスチック消しゴムを開発（P85参照）した企業が、次なるチャレンジに向かおうとしていた。大阪で生まれた「シードゴム工業株式会社」（現・株式会社シード）、「消すことの第一人者」を自負するこの企業にとって、プラスチック消しゴムに続く新たな商品を生み出すことが至上命題だった。

プラスチック消しゴムと同じような「消す」文房具として、1960年代にアメリカから修正液が入ってきた。もともとはテキサス銀行の頭取が、タイプライターの打ち間違いを修正するために開発したものだった。日本でも学生を中心に人気が出始めたが、乾きが遅く手につい

てしまったり、表面にムラができて上から字が書きにくかったり、いろいろな不便なこともあった。そこでシードゴム工業が考えたのは「乾いた膜のようなものを紙に貼り付けることはできないか」というアイデア。開発がスタートしたのは1983（昭和58）年のことだった。

ヒントにしたのは音楽などを録音するカセットテープ、この構造を何とか生かすことができないか。ロール状のテープが次々と送り出されて紙の上に貼り付き、間違えた文字を上から隠していく。そんなイメージを抱きながらも、クリアしなければならない課題は多かった。紙にくっつきやすく剥《は》がれにくいようにするには？　修正用の白い膜を瞬時に貼り付けるためにテープを三段重ねにした。「糊」「白い修正膜」そして「直前まで膜を保護しておくフィルム」の三層構造。修正膜が糊によって紙に貼り付き、保護フィルムだけがロールに巻き取られていく。その際の粘着力を調整することは至難の業だった。最初は修正膜がフィルムから剥がれず、糊だけが紙に付いたりした。この粘着性のテストは何度も繰り返されて時間が過ぎていった。

もう一つの課題は、修正した上から文字を書くことができるかどうか。つるつるのセロハンテープの上に文字を書くことが容易ではないように、修正膜の白色顔料にボールペンのインクや鉛筆の黒鉛は弾かれてしまう。そこで開発チームが考えたのは、表面に凹凸をつけることだった。実は肉眼では分からないのだが、修正テープの表面を顕微鏡で見ると細かい凹凸ができている。そのデコボコ部分にインクなどがキャッチされて、修正テープの上からでもうまく文字が書けるようになった。開発にかかった歳月は実に5年余り。

「車を運転しているとセンターラインが修正テープに見えてきた」

「子どもの運動会に参加したらグラウンドの白線から修正テープを思い出した」

当時開発に関わり、後に同社の社長になった玉井繁のこんな言葉にも、全社一丸となって新製品に賭けたシードゴム工業開発陣の熱が伝わってくるようだ。

世界初の「修正テープ」は、1989（平成元）年9月に発売された。その名も「ケシワード」。まさに「文字を消す」と名付けられた新たな商品は、国際見本市に出品されるなどして、海外からも賞賛を受けた。「修正テープ」は実際に手に取って使ってもらうと、より一層その便利さと魅力が伝わる。そのための商品キャンペーンにも力を入れた。発売から10年余り、2000年代に入った頃、「修正テープ」は世界の市場で、修正液を凌《しの》ぐ人気商品に成長した。

プラスチック消しゴムに続いて「修正テープ」を世界に送り出したニッポン企業のパイオニア魂。自慢の「修正テープ」でも決して修正できないほど、熱くそして確かな開発の日々がそこにはある。

食品・料理

18

食品サンプル

［岩崎製作所］

1932年

海外の旅行客が驚く〝究極のグルメ〟!?
日本生まれの「食品サンプル」にかけた夢

海外から日本を訪れる人たちはレストランの店頭で大いに驚くそうだ。ショーウインドーの中に並んだ、まるで本物のような料理の模型たち。この「食品サンプル」は日本生まれである。

大正の末期から昭和にかけて、日本各地で百貨店の創業が相次いだ。そんなデパートの中にあるレストランのショーウインドーに、実際の料理に代わって食品のレプリカが陳列されるようになった。そんな食品模型に注目した一人の人物がいた。岩崎瀧三《たきぞう》、1895（明治28）年に岐阜県郡上八幡に生まれた。15歳の時に大阪の薬種問屋に働きに出て、やがて仕出し屋に勤めたが、ちょうどその頃に知人から見せられたのが食品模型だった。当時は数も種類も少なかったが、その瞬間、岩崎が思い出したのは幼い頃の記憶だった。ローソクに火を灯した時、溶けた蝋《ろう》が水の中に落ちると、それが固まってまるで白い花のようになった記憶。その美しい形は、まるで梅の花のように見え、岩崎の心に焼き付いていた。食品模型はまだ商品化されていない時代だった。

「質の良い食品模型を作れば、商売になる！」

当時36歳の岩崎は、蝋の原料であるパラフィンを使って、独自の食品模型作りを始めた。実物の料理にパラフィンをかけて剥《は》がしてみたがうまくできない。参考にしたのは、お寺などにある釣り鐘の製造方法だった。型枠を作って、そこにパラフィンを流し込めば、熱が冷めた時に、それは食品の形として固まるのでは？　最初はすぐに割れてしまったが、和紙を使って〝裏打ち〟し、強度を高めることでこのハードルを乗り越えた。

食品模型作りの歩みは、妻のすゞとの夫婦共同作業だった。すゞが焼いたオムレツをモデルに選んだ。実は岩崎は、絵を描くことが大好きで、固まった模型に色を付けることは得意中の得意技だった。本物のオムレツの横に、模型を置いて筆を取った。色塗りが終わった時に、すゞが感嘆の声を上げげた。「どっちが本物か分からない！」。大喜びの岩崎は、そのオムレツ模型を「記念オム」と名付けた。初心忘るべからず。

ここから日本で最初の「食品サンプル」事業の記念すべき第一歩が始まった。1932（昭和7）年に岩崎は大阪市に「岩崎製作所」を創業し、食品サンプル作りを本格的にスタートさせた。

蝋《ろう》から始まった岩崎製作所の「食品サンプル」作りは、熱にも強く丈夫なシリコンや樹脂へと原料を進化させていく。食材を枠で囲ってシリコンを流し込み、型枠を作る。そのシリコン型枠に樹脂を流し込み固める。細かい部分を修正し丁寧に色付け、でき上ったパーツを一つずつ食器に固定していく。「盛り付け」と呼ばれる作業の最終工程は、まさに本物の料理にも負けない職人芸だ。「食品をそのままコピーするだけでは、本来の魅力を伝えきれない」と岩崎。その志は、岩崎製作所から「株式会社いわさき」となっても脈々と受け継がれている。並べるウインドー内の照明の明るさ、そして展示される角度まで緻密に計算して陳列しているという。理想としたのは「本物そっくりのサンプル」ではなく、「本物よりも〝ホンモノ〟らしい食品サンプル」だった。

日本独特の「食品サンプル」は、海外からの旅行客を大いに驚かせる。こうしたサンプルを日本以外で見ることはない。手先が器用な日本人ならではの〝芸術作品〟のミニサンプルは、キーホルダーや携帯ストラップなどにも姿を替えて、お土産としても人気である。

「いわさき」の国内シェアはグループ全体で70％。しかし、長引いた新型コロナウイルス感染拡大の影響は飲食店に大きな打撃を与え、「食品サンプル」の注文も減っているという。それでも「食品サンプルの使命は、飲食店の魅力を伝えること」という基本を守りながら、その〝盛り付け〟の日々は今日も続く。

「本物の料理よりも美味しそうで本物らしく」。日本伝統の繊細な技術が、世界の食文化に大きな革命をもたらした。日本で生まれた「食品サンプル」たちは、これからも料理の魅力をショーウインドーの中から力強く発信していく。

文具

19 大学ノート

［黒田表紙店］

1959年

「大学ノート」はこうして進化した〜横罫線に込めた開発チームの熱き思いとは？

誰もが学生時代にお世話になったことがあるだろう。「大学ノート」の誕生から今日までの道のりには、使いやすさにとことんこだわったニッポンならではの商品進化の歩みがある。

「大学ノート」の由来は明治時代にまでさかのぼる。当時はまだ東京開成学校だった、現在の東京大学近くにあった文具店が売り出したと伝えられる。それまでのノートは、半紙を束ねた雑記帳のようなものだったが、海外から帰国した教授のヒントで、洋紙を使ったノートを作り販売した。そのノートには、ページごとに横の罫線が入っていた。このため、文字を真っすぐに書くことができた。東大の前で売られていたから「大学ノート」。分かりやすいネーミングだったが、1冊の値段が現在の価値で1500円ほどという高級品だったため、学生たちにとっては〝高嶺の花〟だった。

そんな大学ノートに着目した人が、東京ではなく大阪にいた。黒田善太郎、富山県出身で、20歳の時から大阪で紙を扱う仕事をしていた。27歳だった1905（明治38）年に独立して、和式帳簿の表紙を製造する「黒田表紙店」を開業した。最初は帳簿の分厚い表紙だけを作っていたが、やがて中のページも製造するようになり、紙製品のメーカーとして成長していった。

昭和に入って、黒田の会社は新たに「大学ノート」を発売した。1959（昭和34）年のことだった。それまでの大学ノートは、紙が糸で綴じられていたため、綴じ部分に近いノドの部分では「字が書きにくい」という問題があった。しかしこの新しい「大学ノート」は、糸ではなく糊《のり》によって表紙と中の紙を固定したため開きやすく、さらにフラットなので、かさばりにくかった。綴じる部分には糊を沁み込みやすくするため、刻みを入れる工夫も施されていた。この技術は、当時、電話帳を製造する企業から注目を集めたという。

「大学ノート」の開発は続く。最初のノート発売から16年の歳月が流れ、1975（昭和50）年発売の「大学ノート」には、会社として新しいブランド名を付けることになった。大学構内を意味する英語の「Ｃａｍｐｕｓ（キャンパス）」を採用、それが「Ｃａｍｐｕｓ（キャンパス）

ノート」の誕生だった。

「Ｃａｍｐｕｓノート」は、より使いやすさの向上を目指して材料の品質に着目した。紙の表面に微妙な凹凸をつけること。すべすべならばいいわけではなく、ペン先がほどよく引っかかるように紙の表面を処理し、製造時の圧力によって加減を調整した。インクが紙の繊維に浸透する〝微妙なにじみやすさ〟を出すために、紙を仕上げる薬剤の配合も研究した。

特にこだわったものがページの罫線だった。もともと「大学ノート」には横の罫線が入っていたが、縦の線も引きやすいようにと、ページの上と下に、小さな点「ドット」を入れた。さらに均等に逆三角形の目印なども加えた。これによって、定規をあてると、正確に縦の線も引けるようになった。さらに何行目なのか行数が数えやすいように、横罫線の方にも5行ごとに小さな目印を入れた。それはささやかな工夫だったが、ノートを使う人たちが〝使いやすいように〟との、とても大きな心配りだった。

創業者の黒田は1966（昭和41）年に亡くなったが、「大学ノート」への強い思いは、後に続いたメンバーに脈々と受け継がれている。「黒田表紙店」、現在の会社名は「コクヨ株式会社」。〝国の誉れ〟になろうという思いから「国誉《こくよ》」と黒田が命名した。それは故郷である「越中富山国の誉れになる」ということである。

「Ｃａｍｐｕｓノート」はこうした改良を重ねながら、２０２２（令和４）年発売のデザインで５代目となった。定番の他にも社会人をターゲットにした黒い表紙の「大人キャンパスノート」や、オンラインでのタブレット学習にも使いやすいように、Ｂ５サイズを半分にカットした「ハーフサイズ」も、２０２１（令和３）年秋に発売された。「Ｃａｍｐｕｓノート」は年間１億冊を売り上げるほど人気の「大学ノート」に成長を遂げた。

暮らし

20

使い捨てカイロ

［ロッテ電子工業株式会社］

1978年

人気商品「使い捨てカイロ」を発明したニッポン企業の発想力と開発魂

袋から取り出すとポカポカと温かい熱を発散する。今や「使い捨てカイロ」は暮らしの中の必需品にもなっている。そんなカイロの誕生には、ニッポン企業の見事なアイデアと開発力があった。

カイロは漢字で「懐炉」と書く。「懐《ふところ》の炉」、つまり懐の熱源だ。江戸時代は、温めた石を着物の懐に入れた「温石《おんじゃく》」があった。大正時代末期には、ベンジンを入れて火で加熱する「ハクキンカイロ」が開発された。しかし、火を使うこともあって誰もが簡単に使えるものではなかった。そんな中、革命とも言えるデビューを果たしたのが「使い捨てカイロ」だった。

日本での「使い捨てカイロ」の開発は、米軍の装備品をヒントに始まった。米軍では寒い戦場に赴く時に、水筒の中に鉄の粉と食塩を入れて放熱させて〝フットウオーマー〟として使っていた。「鉄の粉は錆びる時に酸化熱を出す」という化学反応を利用したものだった。当時の日本でもそれに着目した企業があり、1970年代半ばには日本で最初とされる「使い捨てカイロ」がお目見えしたが、主に鍼灸治療院など医療現場で重宝され、一般に使用される機会はまだ限定的だった。

そこに登場したのが、菓子メーカー「ロッテ」グループの「ロッテ電子工業株式会社」(現・株式会社ロッテ)だった。菓子の乾燥を保つために使う脱酸素剤を通じて関係のあった「日本純水素株式会社」(現・エア・ウオーター・メカトロニクス株式会社)から、「一緒にやらないか」と話を持ちかけられ、誰もが手軽に使うことができる「使い捨てカイロ」の商品化に歩み出した。布製の袋に鉄の粉を入れて、それをプラスチック製の袋に入れて密閉し空気を遮断。使う時に包装袋から取り出し空気に触れさせると鉄が酸化反応を起こす。軽く振ったり揉んだりすると温かくなるこのカイロには多くの長所があった。火を使わないため誰でも安心して使える。軽くて持ち運びが便利。ベンジンカイロのような臭いもない。画期的な発明だった。

ロッテはこの使い捨てカイロに「ホカロン」という名前を付けて、1978(昭和53)年に発売した。主な販売ルートを薬局、薬店としていたため、商品名には温かさを連想させる「ホカホカ」と、薬の売れ筋商品の末尾が「〇〇ン」であったことをヒントに「ホカロン」と名付けた。1個100円と値段も手ごろだったため、「ホカロン」は一躍人気商品になった。「100円カイロ」と呼んだ人も多いのではないだろうか。冬場を中心に生活の様々な場面で使われるようになった。

「ホカロン」の改良は進む。プラスチック製の包装袋から取り出すだけで、鉄の粉が瞬時に酸化して熱を発散できるようになり、わざわざ振ったり揉んだりする必要がなくなった。発売から10年後の1988（昭和63）年には「貼るタイプ」も登場し、腰や背中を温めたい人には朗報となった。そして「くつ下に貼るタイプ」はつま先を温めるために効果を発揮し、これも人気の商品となった。いずれの商品開発も日本独特の〝細やかな心配り〟が反映されていた。「使い捨てカイロ」は、ロッテの「ホカロン」に続いて、数多くの企業が生産するようになり、日本の〝冬の生活必需品〟としての地位を確固たるものとした。

街・交通

21

点字ブロック

［三宅精一］

1967年

世界の国に広がった「点字ブロック」は真心込もった日本生まれ

日本各地の歩道や駅のホームに設置されている黄色いプレート。今や世界の多くの国でも見られるようになった「点字ブロック」は日本で生まれた。

1926（大正15）年に岡山県倉敷市に生まれた三宅精一は、旅館業を営みながら発明家としても地元で知られていた。ある日、通りがかった交差点でのこと、白い杖を持った目の不自由な人が道路を横断しようとしていたすぐ前を、車が勢いよく走り抜けていった。「これは危険だ」。視力に障害がある人たちが、安心して街を歩くことができるように、何かいい方法はないだろうか？　アイデアマンだった三宅は考え始めた。

そんな時、視覚障害がある友人から、こんな話を聞いた。

「靴を履いていても、足の裏の感触で地面の状態がわかる。自分は苔と土の境目もわかる」と。

「路上に何か工夫できないだろうか」。三宅は建設関係の仕事をしていた弟の三郎と相談して、コンクリートブロックの表面に突起物を付けることを思い付く。ドーム型の突起物を縦7個と横7個、合わせて49個並べた正方形のブロックを作り上げ、「点字ブロック」と名付けた。

三宅が発明したこの「点字ブロック」は、1967（昭和42）年3月18日、岡山県立岡山盲学校（当時）近くの国道交差点に設置された。その数は全部で230個、三宅は自ら資金を出してそれを設置した。日本生まれの「点字ブロック」が初めてお目見えした瞬間だった。渡り初め式には、三宅たち開発に関わった人たちと盲学校の生徒たちが参加した。今では毎年3月18日は「点字ブロック」の日に定められている。

「点字ブロック」を日本全国に広げようと三宅は動き出した。当時の日本は高度成長期の真っ只中で、福祉面にはなかなか光が当たらなかった。しかしそんな中、大阪の盲学校から「駅のホームにも点字ブロックを付けてほしい」という要望が、当時の国鉄（現・JR）に届いた。それを受けて国鉄も動き出した。1970年に大阪の国鉄・我孫子駅のプラットホームに、駅としては初めての「点字ブロック」が設置された。その後、東京都も交通安全モデル地区に「点字ブロック」を設置、その輪は日本各地に広がっていった。
初めはコンクリートと同じ色だった「点字ブロック」は、やがて鮮やかな黄色になった。黄色が選ばれたのは、路面と違う明るい色によって、視力が低下している人にも見分けてもらうことができるためである。「点字ブロック」は２００１（平成13）年にはＪＩＳ規格によって形が決められた。さらに進む方向を示す棒状の「誘導ブロック」や、階段などの手前で注意を促す「警告ブロック」も登場した。アメリカ、中国、ロシアなど70を超す国々が、三宅が考案した「点字ブロック」を取り入れた。２０１２（平成24）年には国際規格としても認められ、今や世界各国で岡山市が生んだ「点字ブロック」が活躍している。

目の不自由な人たちにも安心して街を歩いてほしい。一人の日本人が路上に灯したバリアフリーの心が、世界中の街角で人々を真心込めて包み込んでいる。日本生まれ……「点字ブロック」は文化である。それは真心の文化である。

食品・料理

22

ドリア

［ホテルニューグランド］

1930年頃

人気洋食メニュー「ドリア」は、実は日本生まれ
～名門ホテルシェフのおもてなしの歴史

ドリアってフランス料理？　イタリア料理？　その名前からつい誤解されがちだが、洋食レストランでも人気の定番メニューであるドリアは、実は日本生まれである。

横浜にある「ホテルニューグランド」は正統派ヨーロッパスタイルのホテルで、関東大震災の4年後、1927（昭和2）年に開業した。ホテルの初代総料理長として招かれたのがスイス人シェフのサリー・ワイルだった。「お客様あってこそのホテル」という徹底したサービス精神を持っていたワイルは、ホテルのレストランでも決まりもののコース料理以外にアラカルトを取り入れ、メニューにはこう書いた。

「コック長はメニュー以外のいかなる料理にも、ご用命に応じます」

ある日、本当にメニュー以外の注文が来た。

「体調が良くないいので、何かのど越しのいいものが食べたい」それはホテルが開業してまもない1930年頃のこと。滞在していた外国人銀行家からのリクエストだった。そこでワイルが即席で作った料理は、「バターライスに海老のクリーム煮をのせて、そこにグラタンソース、さらにチーズをかけてオーブンで焼いた」ものだった。人気洋食メニュー「ドリア」が誕生した瞬間だった。料理は大好評、これをきっかけに、同ホテルのレストランメニューに、「Shrimp Doria（海老とご飯の混合）」が載ることになった。

「ドリア」という名前の由来にはいろいろな説がある。イタリアの港町・ジェノバに「ドーリア家」という名門の貴族がいて、その一族の海軍提督の名前からワイルが「ドリア」と名付けたともいわれる。他方、こんな説もある。フランス・パリのレストランから「ドーリア家」に招かれたシェフが、イタリア国旗の3色をイメージして、「キュウリ（緑）」「トマト（赤）」「卵（白）」を使ったメニューをドーリア家のために考案した。そういえば、ワイルが生み出した料理も「パセリ（緑）」「芝海老（赤）」「ホワイトソース、またはご飯（白）」と3色の構成は同じ。そこに名前の由来があるのでは？　との説も微笑ましい。

横浜の名門ホテルで生まれた「ドリア」は、日本全国に広がっていく。ホテルではワイルの下で数多くの料理人たちが学んでいたが、ワイルは自らの技術を惜しみなく伝授したそうだ。そんな弟子たちが日本各地のホテルやレストランに移って、そこでも「ドリア」を作り続けた。ワイルが一人の外国人客のために心を込めて作った一皿は、洋食の定番メニューとして育っていった。

ホテルニューグランドの「コーヒーハウス ザ・カフェ」では、現在も1930年当時のオリジナルの「ドリア」を楽しむことができる。新たにホタテの貝柱が具材に加わり「シーフードドリア」として、訪れる客の人気を集めている。

「たとえメニューになくても注文があればどんな料理にもお応えします」

自らの料理を楽しんでくれるお客様を何より大切に思ったスイス人シェフの〝ホスピタリティー〟、おもてなしの心から生まれた「ドリア」。熱々のグラタンソースとバターライスを頬張る瞬間、日本の洋食の奥深さと料理人の真心が、口の中に広がっていくようだ。

靴・履物

23

ビーチサンダル

［内外ゴム株式会社］

1952年

日本で生まれた「ビーチサンダル」～ハワイで爆発的人気となったゴム草履の開発秘話

夏の海に欠かせないアイテムにビーチサンダルがある。このビーチサンダルは戦後間もない頃に日本で誕生し、ハワイなどで大人気となった。まさに〝メイド・イン・ジャパン〟の優れものである。

太平洋戦争が終わって、ＧＨＱ（連合国最高司令官総司令部）の日本復興事業のために来日したアメリカ人の一人にレイ・パスティンがいた。工業デザイナーだったパスティンは、日本伝統の下駄や草履に興味を示した。鼻緒が付いた履物は、母国のアメリカにはなかったからだ。「これは簡単に履けるし、足の指を鼻緒に通すため脱げにくい」。日本で出合った〝ひも付き履物〟は、日本を離れて帰国した後もパスティンの心に残った。

3年後の1951(昭和26)年、パスティンは再び日本の地を踏んだ。今度はある目的を持って。それは、かつて日本で出合った〝ひも付き履物〟を、海外に向けて商品化したいという夢だった。いくつかのメーカーに話を持ちかけたが、少し前まで敵国だったアメリカ人からの話に耳を貸すところはなかなか見つからない。そんな中、兵庫県神戸市にあったゴム製造会社「内外ゴム株式会社」で、技師長だった生田庄太郎と出会った。内外ゴムは、防水性に優れた「独立気泡スポンジゴム」の製造法を開発した会社で、パスティンと生田は新たなゴム草履の製作に乗り出した。

試作品第1号が完成した。しかし、パスティンが履いてみると、うまく履くことができない。モデルとした日本伝統の下駄や草履は、左右の形がまったく同じだった。

それは日本人の足に合っても、甲の高さ、幅の広さ、そして指の長さが違う欧米人の足には合わなかったのだ。パスティンは木製の足型を作って、生田とともにそれに合わせて鼻緒の位置を調整するなどの改良を進める。その結果、左右の足の輪郭に合わせてそれぞれ異なった形にすることを思い付いたのだった。こうして、1952(昭和27)年に世界で最初の「ビーチサンダル」が誕生した。かかとの部分を2ミリだけ底上げするなど、「履き心地」を追求する工夫も加えられた。このビーチサンダルは「ビーチウオーク」と名付けられた。文字通り〝海岸を歩く〟サンダルの登場だった。

日本で生まれた「ビーチサンダル」は早速、海外へ進出。世界でも有数のリゾート地であるハワイでは、１カ月で10万足も売れたという。日本からハワイへ旅行した人たちの中には、異国の地で初めてビーチサンダルに出合った人たちもいたに違いない。その後、日本人向けのビーチサンダル「ブルーダイヤ」もお目見えした。現在では海外向けだった「ビーチウォーク」が国内でも主力商品となっていて、当時の製法やデザインが今も大切に踏襲されている。かつて内外ゴムの本社があった神戸市長田区では、１９９５（平成７）年の阪神・淡路大震災からストップしていたビーチサンダルの製造を再開しようと、〝ビーチサンダル発祥の地〟としての新たな歩みも始まっている。

かつては敵国同士として戦った日本とアメリカ、その二つの国のデザイナーと職人が共同作業で作り上げた「ビーチサンダル」、それはまさに日米両国の友情、そして絆の証しでもある。

暮らし

24

ビニール傘

雨の日の必需品「ビニール傘」は日本生まれ そのルーツは江戸時代の参勤交代にあった！

［ホワイトローズ株式会社］

1953年

今や東京などでは「一人が2本は持つ」ともいわれるビニール傘、実は日本生まれである。話は江戸時代にまでさかのぼる。八代将軍・徳川吉宗の時代から続く老舗「武田長五郎商店」。もともとは煙草を販売していたが、参勤交代の大名行列の参列者に使ってもらおうと、煙草を保存する油紙を使って雨がっぱを作った。これをきっかけに店も雨具商に転身。昭和になり終戦後、進駐軍が日本に持ち込んだビニールを使って、「雨で色が落ちる」と苦情が多かった洋傘用の雨カバーを売り出したら人気が爆発。ならば「ビニールを直接、傘の骨に張ってしまおう」というアイデアを元に１９４８（昭和23）年に「ビニール傘」の制作をスタート。五年もの歳月をかけて改良を重ね、１９５３（昭和28）年、ついに完成形ができた。

暗くて視界も悪い雨の日に、なぜわざわざ視界を遮るような傘を使うのか？　そんな発想から生まれた「ビニール傘」は、１９６４（昭和39）年の東京オリンピックをきっかけに世界進出を果たす。観光で来日したアメリカの洋傘業者が、日本で生まれた透明の傘に感激した。

「ビニール傘をニューヨークでも売りたい」

武田長五郎商店は「ホワイトローズ株式会社」へと社名を変えていたが、ビニール傘はアメリカでも大ヒットした。ミニスカートで一世を風靡したイギリスのモデル、ツイッギーが登場した時には、ミニスカートに合うようにデザインしたビニール傘を作った。英国王室でもエリザベス女王らが使ってすっかり有名になったビニール傘、そのデザインも元は日本発である。

その後も選挙の街頭演説用に、候補者の顔がよく見えて強風にも強いビニール傘を作った。その傘の商品名は「カテール」、そう「勝てる」。寺の住職が墓地で経を読む時に、狭い場所でも大人三人が余裕で入ることができるビニール傘も作った。商品名は「テラ・ボゼン」。そう「寺・墓前」。折りたたみ式のビニール傘もお目見えした。「風に弱い」「たたみにくい」というマイナス面を克服したこの傘の商品名は「アメマチ」。雨が待ち遠しくなるようにとの思いを込めて。何とも粋なネーミングだ。修理もできて、何年も使うことができる逸品だという。

江戸時代の武田長五郎から数えて10代目となる須藤宰《つかさ》代表に、ビニール傘の丈夫さについて尋ねた時だった。傘は壊れるものだから直せばいいという、思いがけない答えが返ってきた。

「壊れない傘、丈夫な傘、それよりも傘を使う持ち主が雨に濡れないこと。とにかくこれが最も大切なこと」

きっぱりと言い切る言葉には、世界で初めて「ビニール傘」を生み出した傘職人の伝統と心意気があふれていた。

「ホワイトローズはこれからも心血を注いだビニール傘を作っていきたい」

日本で生まれた「ビニール傘」。その誕生秘話を知った今、雨の日に傘を差す手にも、何だか楽しさが訪れたような気がしてくる。

文具

25

プラスチック消しゴム

［シードゴム工業株式会社］

1956年

プラスチック消しゴムは日本生まれ
「消す」仕事に賭けた100年企業の開発魂

オフィスで机の引き出しを開けると、必ず目に入ってくる文房具に「プラスチック消しゴム」があった。鉛筆とのコンビネーションに欠かせないプラスチック消しゴム、実は日本で発明されたのだ。

消しゴムは18世紀のイギリスで生まれた。科学者ジョセフ・プリーストリーが天然ゴムで鉛筆の文字を消すことができるのを発見。実はそれ以前は、文字などを消すためにパンを使っていたという。世界で最初の消しゴムは、角砂糖のような形だったと伝えられている。その消しゴムはドーバー海峡を渡ってフランスに、そしてヨーロッパから世界へと広がっていった。日本にやって来たのは、明治時代中期だった。当時は明治政府によって義務教育が推進されていて、文房具は必需品。消しゴムの需要も高まっていたが、もともと日本は筆と墨で文字を書く〝毛筆文化〟だったため、消しゴムはすべて外国産だった。

大阪で1915（大正4）年に創業した「三木康作ゴム製造所」は、天然ゴムを加工してホースやチューブなどを生産していたが、製造する商品の中に消しゴムもあった。国内でも消しゴムを作るメーカーが増え始めていたが、三木康作ゴム製造所は、昭和に入って国産で初めての製図用消しゴムを作るなど、その技術に自信を深めていた。そして、会社の方針として自社の製造商品を消しゴム作り1本に絞ることを決める。1950（昭和25）年に社名を「シードゴム工業株式会社」として、消しゴム専門のメーカーとして新たな歩みを始めた。

しかし、材料の天然ゴムは輸入に頼るしかなかった。自然素材のため高価な上に、価格の相場はしばしば変動した。天然ゆえに品質を安定させることにも苦心した。様々なトライアルを重ね、塩化ビニールの切れ端を使ってみたら、見事に文字が消えた。軟らかい塩化ビニール、それこそが〝プラスチック〟だった。品質改良を重ね、製法の特許も取り、1956（昭和31）年、ついに世界初となる「プラスチック消しゴム」の生産をスタートした。その画期的な新製品は、練りから熟成まで時間がかかる天然ゴムに比べて製造期間も短く、経年劣化して硬くなることも、ゴムの臭いもしない。消しくずがあまり出ないことも特長だった。最初の商品名は「プラスチック字消し」。世界に先駆けて、日本で新たな文房具が誕生した瞬間だった。

プラスチック消しゴムは、同社の開発努力の〝果実〟だったともいえる。塩化ビニール樹脂は鉛筆のカーボン（黒鉛）を吸い付ける、炭素カルシウムは消しくずをまとまりやすくする。商品を熱や紫外線から守る安定剤も取り入れた。そして1968（昭和43）年にシードゴム工業〝消しゴム道〟の集大成ともいえる商品「レーダー（Radar）」が発売された。今もおなじみの青いケースに包まれた「プラスチック消しゴム」。その名前には「レーダー（探知機）のように、使う人のニーズをいち早くつかみたい」との願いがこもっている。「レーダー（Radar）」は97％という字消し率を誇り、「プラスチック消しゴム」のトップランナーとなった。2002（平成14）年には社名を「株式会社シード」に変更した。ペンなどの文字を消す「修正テープ」（P59参照）もシード社が開発したものだ。

消しゴム作り一筋の道を選び、「消す」ことだけを追求した創業100年超の企業、そこには決して「消すことのできない」モノづくりへのプライドと研究の日々が、確かに存在している。

薬・医療

26

マッサージチェア

【フジ医療器制作所】

1954年

日本で誕生した「マッサージチェア」
～究極の〝揉み心地〟を追求した開発道

疲れた身体が、時おり無性に求めてしまう。揉んだり押したり、「マッサージ」の気持ちよさに魅了される人は多い。そんな「マッサージ」はヨーロッパで生まれた施術。人の身体の皮膚に刺激を与え血行を良くして体調を整える〝健康術〟として、紀元前にはすでに存在していたようだ。日本には、伝統的に「按摩《あんま》」、そして「指圧」という施術があったが、明治時代にヨーロッパのマッサージ術が入ってきて、それは「按摩」の中にも取り入れられたといわれる。

その「マッサージ」の世界で歴史的な一歩を刻んだ人物がいた。和歌山県出身の藤本信夫。タイルを洗う「たわし」を販売していて、町の銭湯に出入りしていたが、脱衣場で湯上がりの人たちがリラックスしている姿を見て、何かいいサービスを提供できないかと考え始めた。

「マッサージをしてくれる機械はできないだろうか」

藤本は、座っているだけでマッサージを受けられる、そんな椅子を作ろうと思い付く。

藤本はマッサージ師のもとへ日参して、自分自身でマッサージを受けながら、どこが身体のツボか、どこを揉むと気持ちがいいのか、自ら〝実験台〟となって研究した。機械によって揉みほぐしやすい身体の部分。それは椅子の背もたれに密着する〝背中〟だった。アイデアマンである藤本の開発がスタートした。

木製の椅子の背もたれに、軟式野球のボールを応用した「もみ玉」を、二つセットで取り付けて、電気で振動するようにした。「もみ玉」を上下に動かすために自転車のチェーンを使い、椅子の横に取り付けた自動車のハンドルを片手で操作することで「もみ玉」の位置を調整できるようにした。1954（昭和29）年、藤本は「フジ医療器製作所」（現・株式会社フジ医療器）を創業し、マッサージチェア「フジ自動マッサージ機」を発売した。量産型の「マッサージチェア」としては世界初の画期的な商品だった。値段は当時7万円。現在の価値では100万円近い高価なものだったが、銭湯や温泉旅館などで一躍人気となった。コインを入れると「10円で3分間」動く設定にして、「マッサージチェア」を設置する側にも利益が出るようにした。

一般家庭に内風呂が常備され始め、次第に銭湯に通う人が少なくなると、次は家庭用の「マッサージチェア」を作ることになった。それまでは別々だった〝揉む〟機能と〝叩く〟機能を一体にして、スイッチで切り替えるようにした。１９７５（昭和50）年に発売した際の商品名は「かあさん」。家庭用マッサージチェアは、背中に当たる「もみ玉」とアーム部分を取り外せるようにした。マッサージ機として使わない時は〝応接間のソファ〟として使うことができる。日本の住宅事情における〝置き場所の確保〟という問題も解決した。

背中だけでなく、足にも着目した。ふくらはぎや腿《もも》をマッサージするため、空気圧を利用する「エアーバッグ」を開発した。足を包み込んだバッグが膨らんだり縮んだりして、足を揉みほぐす施術を実現した。後にフットレストも付けて、足裏のマッサージも可能にした。背中から、身体全体へと、「マッサージチェア」の〝仕事場〟はさらに増えた。

背骨のラインを機械が自動的に感知して、それに合わせたプログラムを選んでくれる機能も開発した。20種類以上のコースが選べるようになり、30分間の「極上の休息」コースもお目見えした。２０１９（令和元）年には、ＡＩを搭載し、利用する人それぞれの体形や部位の状態に合わせて、まるで〝人の指による〟ようなきめの細かいマッサージも実現した。ヨーロッパで生まれた、人の手による「マッサージ」は、日本の開発技術によって機械の手を借り、「マッサージチェア」として新たな道を歩み続けている。

食品・料理

27

レトルトカレー

［大塚食品工業株式会社］

1968年

日本で生まれた「レトルトカレー」その歩みは時代を超えて進化を続ける

世界で最初の市販用レトルト食品は、大塚食品の「ボンカレー」である。昭和の時代に、熱湯で袋ごと温めるだけですぐに食べることができた。このカレーが登場した時の驚きは今も記憶に鮮明だ。世界初のレトルト食品となった、日本生まれ「レトルトカレー」の歴史を追う。

レトルト食品は、1950年代にアメリカで、缶詰に代わる軍の携帯食として開発された。しかし、アメリカの一般家庭には冷凍庫が普及していたため、冷凍食品の方が重宝され、レトルト食品はほとんど普及しなかった。しかし、冷蔵庫はあっても冷凍設備がまだまだ整っていなかった日本の食品業界は、この新たな食品に注目した。

このレトルト食品の日本での先駆けとなった会社、「大塚食品工業株式会社（現・大塚食品株式会社）」は、徳島県出身の大塚武三郎が１９２１（大正10）年に創業した、にがりから炭酸マグネシウムを製造販売する原料メーカーから出発する。会社は順調に成長を遂げ、後を継いだ長男・正士は事業の多角化に力を入れる。そして１９６４（昭和39）年、関西でカレー粉や即席固形カレーを製造販売していた会社を大塚グループが引き継いだことにより、大塚食品としての歴史が始まる。

「せっかくだから、従来のカレーとは違ったものを作ることはできないか」。

そんな時に、アメリカにソーセージを真空パックにした商品があることを知った。

「これだ！」カレーを真空パックにすることはできないか。温めればすぐに食べることができる、そんな食品を作ってみよう！　挑戦が始まった。

こだわったことは二つ、まず「常温で保存できること」。次に、安心安全のために「保存料を使わないこと」。最も大きな課題は、カレーを詰める袋（現在はパウチと呼ぶ）だった。調理済みのカレーを入れたうえで保存可能なもの、さらに温め直しても大丈夫なもの。耐熱性の実験では、熱湯をかけて何度も試したが、中身が膨張しすぎて袋が破裂してしまうこともあった。試行錯誤の結果、辿り着いたのがポリエチレンとポリエステルという合成繊維を使うことだった。さらに、カレーの中身も、いったん密閉した状態で温め直すため、食べる時に牛肉や野菜の形が崩れないように品種を厳選し、カットの方法や大きさも研究した。こうして1968（昭和43）年、3分間温めるとすぐに食べることができる世界初の市販用レトルトカレー「ボンカレー」が誕生した。フランス語で「美味しい」を意味する「BON（ボン）」に英語の「CURRY（カレー）」を合わせた、シンプルで親しみやすい商品名だった。

しかし新たな課題も見つかった。苦労して開発した半透明の袋は「密封部分が緩い」「振動に弱い」などの弱点があり、商品を運ぶ際にパウチが破損するケースが度々起きた。賞味期限も、冬で3カ月、夏は2カ月と決して長くなかった。そこで、ポリエチレンとポリエステルに加え、アルミを加えた袋を開発した。このアルミ箔を間に挟むことで袋の強度は増し、外光も遮断できるようになった。賞味期限は2年間へと一気に延びた。1969（昭和44）年、新たなボンカレーは日本全国で発売された。

発売当初は「本当に3分間で食べることができるのか」と疑問の声もあり、また一箱80円という当時としては高い価格設定もあって、売れ行きは芳しくなかった。そこで大塚食品では全国各地で試食会を開催したり、CMキャラクターに時代劇の人気女優・松山容子を起用したり、大々的な宣伝作戦を展開した。松山が微笑む写真は商品の箱にも採用され、ホーロー看板はおよそ9万5千枚用意されて全国に掲出された。街角で松山の笑顔に出会った人も多かったことだろう。現在も沖縄県限定で、松山の写真入りのオリジナル「ボンカレー」が販売されている。

そして、思わぬ〝救世主〟も現れた。アメリカの宇宙船「アポロ11号」である。ボンカレーが全国発売された2カ月後に、アポロ11号は人類初の月面着陸に成功した。飛行士たちが宇宙食としてレトルト食品を食べる姿が紹介されて、レトルト食品への注目は一気に高まった。

2003（平成15）年には、電子レンジで箱ごと温める「ボンカレー」も登場した。熱湯を使わないため、高齢者も安心して食べることができるようになった。さらに食の多様化や生活者の嗜好に対応した商品を開発するなど、「ボンカレー」は時代とともに進化を続けている。

第二章

モノづくりへの熱い思い。

ニッポンが進化させた品々の物語

［戦前編］

明治時代から
本格的に入ってきた西洋文化。
それに刺激を受けて、次々に
日本人のモノづくりが動き出す。
そんな時代のストーリー全20編

暮らし

28

板ガラス

［旭硝子株式会社］

1907年

ビルに車にスマホに！　世界を席巻する日本製「板ガラス」その情熱の開発秘話とは⁉

ガラスを作る技術は、古代ローマ時代からあったと伝えられる。だが、透明で薄い板ガラスを作ることまではできなかったため、ガラス瓶の底を切り取って、何枚もつなげて窓枠にはめていた。これが世界最古の窓ガラスである。厚さは3センチもあったそうだ。その後、円筒形のガラスを縦に切って「板のように延ばす」技術が生まれた。

窓に使う「板ガラス」が日本に入ってきたのは江戸時代の頃。長崎の出島にあったオランダ商館で使われていたが、日本国内に広がることはなかった。なぜなら、日本の家屋には「障《しょう》子《じ》」があったからである。窓には紙の障子を張るのが一般的であり、板ガラスという存在自体がなかなか受け入れられなかった。

そんな「板ガラス」に注目した人物がいた。1881（明治14）年に東京で生まれた岩崎俊《とし》彌《や》。三菱財閥を立ち上げた岩崎彌太郎の甥《おい》である。俊彌はロンドンの大学に留学し、異国の地で、窓にはめられた板ガラスと出合う。「窓枠にはめたら障子のように破れない。取り替えなくてもいい」。日本の近代化が急ピッチで進む中、ガラスは間違いなく、重要な役割を果たすことになる。そう信じた俊彌は帰国すると、1907（明治40）年、兵庫県尼崎に「旭硝子株式会社」を創業して、ガラスの製造を始めた。

最初は、〝ガラス王国〟と名高いベルギーの「手吹き円筒法」を導入した。長さ1・5メートルの棹《さお》に、熱したガラス素材を巻き付けて、それを左右に振りながら息を吹き込む。重労働なうえ、なかなか質の良いガラスはできなかった。そこで、アメリカで生まれた「ラバース式（機械吹き円筒法）」を採り入れた。こちらは機械を使って空気を送り込み、まず円筒を作ってから、それを加熱して板状に延ばす方法だった。これによって、生産性は一気に上がり、均質なガラスを製造できるようになった。

次なる課題は、ガラスを作る材料の調達だった。そもそも欧米からの輸入に頼っていた「板ガラス」、国産化の決め手は原材料の確保だった。その原材料とは、「ソーダ灰」すなわち、炭酸ナトリウムである。「海外に頼っていてはだめだ。これからの時代、すべて日本人の手で作らなければ」と俊彌は、ソーダ灰も日本で製造することにした。1918（大正7）年には、化学工業全般を研究する「旭硝子試験所」を立ち上げ、新しい技術の研究と量産体制の確立に取り組んでいく。こうして、国産の板ガラスは大量生産が可能になり、海外への輸出が増えていった。

戦後、日本が高度成長期を迎えると、大型ビルが次々と建設されるようになり、俊彌が予想した通り、「板ガラス」の需要は一気に高まった。旭硝子は「色調」「断熱」「防音」「強度」の四つの要素を大切にした。幅3メートル、長さ10メートルを超える大型ガラスを市場に出して、高い評価を得る。1970（昭和45）年開催の大阪万博では、会場パビリオンなどガラス工事の、実に7割を受注した。こうして「板ガラス」の世界シェアでトップを獲得した。

「板ガラス」だけではない。旭硝子は、様々なガラス製品に挑戦していった。自動車用のガラスは1957（昭和32）年に生産を開始。サイド、リアには強化ガラス、フロントには2枚のガラスの間にフィルムを挟んだ樹脂ガラスを製造した。今や世界のトップシェア、世界中で走っている自動車の3台に1台が、旭硝子のガラスを使っているという。テレビの普及に合わせて、ブラウン管に使う日本初の管球ガラスも開発した。スマートフォンでは、「カバーガラス」

「タッチパネル用基板」「液晶用ガラス」と3種類のガラスが使われている。

旭硝子は「ＡＳＡＨＩ ＧＬＡＳＳ ＣＯＭＰＡＮＹ」の頭文字から、２０１８（平成30）年に「ＡＧＣ」と社名を変更した。様々なガラス製造の分野で、次々と世界ナンバーワンの座を獲得している卓越した技術、そして大いなる志は、脈々と受け継がれている。

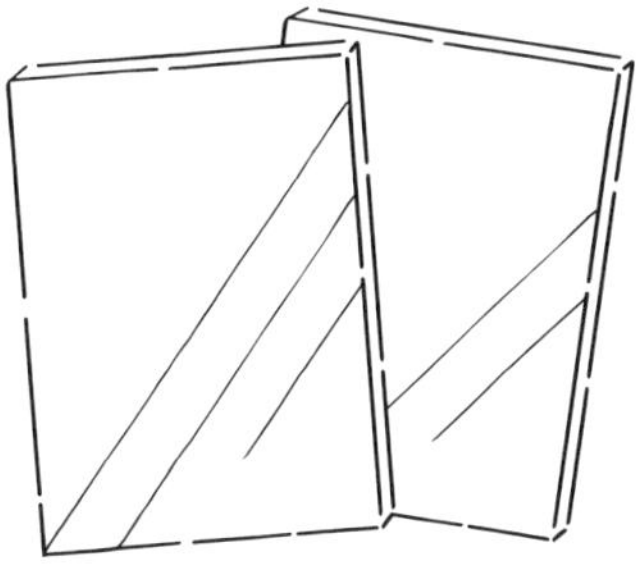

文具

29

鉛筆

［眞崎鉛筆製造所］

1887年

日本製の「鉛筆」はこうして誕生した！開発にかけた10年の歳月と熱き思い

「鉛筆」の歴史は16世紀のイギリスから始まった。鉱山で見つかった良質の黒鉛を筆記具として使ったと伝えられる。日本にも17世紀には持ち込まれていた。徳川家康の遺品の中に、およそ6センチの「鉛筆」がある。芯はメキシコ産で、どうやらスペインあたりの国が江戸幕府に献上したと見られている。この「鉛筆」、日本での本格的な歩みは明治時代に始まった。

明治維新を迎え、文明開化の波の中で日本でも「鉛筆」が使われ始める。しかし主にドイツからの輸入品で、かなり高価だったため、なかなか一般には普及しなかった。そんな中、1878（明治11）年、一人の男がフランスのパリに向かった。佐賀県出身の眞崎仁六。東京の貿易会社に勤めていた眞崎は当時29歳、出張で出かけた万国博覧会の会場で展示されていた外国製の鉛筆と出合った。眞崎は、書きやすく便利な、その筆記具にすっかり魅了される。日本でも、この鉛筆を誰もが手軽に使えるようにしたい。眞崎は決意する。「よし、鉛筆を作ろう！」

帰国した眞崎は、パリで見た「鉛筆」の面影を思い描きながら、独自に鉛筆作りを始めた。最初は「芯」の研究だった。鉛筆の芯は、黒鉛と粘土を混ぜ合わせて固めたものだと、パリで知識を得ていた。昼間は貿易会社で働き、夜は乳鉢に黒鉛と粘土を入れて調合。練って、延ばして、叩いてそして固めて、芯作りに取り組んだ。

しかし、最初にでき上がった芯は、硬すぎたり、逆に軟らかすぎたり、もろくてすぐに折れたりと、なかなか字を書くことができなかった。肝心なのは材料の質だと気付いた眞崎は、理想の黒鉛と粘土を求めて日本国内を東へ西へ。その結果、鹿児島県産の黒鉛、そして栃木県産の粘土、この組み合わせこそ自分がめざす最高の芯を作るものだと確信した。ここまでで5年の歳月が流れていた。

芯に続いては、それを包み込む木材（＝軸）である。削りやすく、その上、丈夫で曲がりにくい木材が必要だった。自宅に木箱で荷物が届いた時は、箱を壊してその木が軸に適しているかを試すまでした日々。そして出合ったのが、北海道に生息するイチイ科の針葉樹アララギだった。板で芯を挟んで裁断していく機械も作った。この軸探しと機械作りに費やした歳月は、やはり5年。芯と合わせると10年の歳月が過ぎていた。

眞崎は、1887（明治20）年に「眞崎鉛筆製造所」を設立し、本格的な国産鉛筆の製造をスタートした。当時の機械の動力は水車だった。この眞崎鉛筆製造所こそ、現在の「三菱鉛筆株式会社」である。

三菱鉛筆は、国内だけでなく、世界に通用する「鉛筆」作りを目指す。眞崎が最初に得た極意「鉛筆はまず良質な芯」を追求し続けた。黒鉛と混ぜ合わせる粘土の微粒子をより繊細に、より均一化することによって、一層滑らかな書き味を実現したと三菱鉛筆の社史は伝える。そして1958（昭和33）年にでき上がったのが「uni（ユニ）」。発売当時は1本50円で、当時のコーヒー1杯と同じ程度の値段がする高級品だったが、ワインレッドの鉛筆は、一躍人気のブランドになった。「uni」のワインカラーは現在も変わらず、歴史と伝統の光を放っている。

食品・料理

30

缶詰

［北海道開拓使
石狩缶詰所］

1877年

日本最初の「缶詰」の中身は北海道の味！
知っておきたい食文化の〝はじめの一歩〟

ブリキ缶の蓋を開けると、中には美味しそうな料理があり、そのまま食べることができた。明治時代の初め、海外からやって来た「缶詰」を見た日本の人々は大いに驚いたという。そんな「缶詰はじめて物語」。

「缶詰」の生みの親は、フランス皇帝ナポレオン・ボナパルトだったと伝えられている。19世紀初め、遠征の時に、栄養もあって新鮮で美味しい食料が必要だったナポレオンは、懸賞金を出して〝保存食〟のアイデアを募集した。選ばれたのは瓶に食品を詰めた「瓶詰」。フランス軍の戦いに大いに役立ったというが、瓶は重く、何よりも割れやすい欠点があった。その発想をもとに、瓶の代わりにブリキ缶を使った「缶詰」が生まれた。ヨーロッパからアメリカへ渡り、南北戦争でも保存食として重宝されたそうだ。

そんな「缶詰」が日本にやって来たのは明治時代の初め。長崎の語学学校でフランス語の教師が食べている缶詰の牛肉料理を同僚の日本人が見て、缶詰作りに挑んだのが事の始まり。明治の日本では、調理をあまり必要としない干物や塩漬けにした保存食が主流だった。そんな時代に、蓋を開けると中に料理が入っているという「缶詰」は驚きの食品だった。富国強兵という掛け声の下、産業振興を目指していた明治新政府は、様々な西洋文化を積極的に取り入れていたが、この「缶詰」にも注目した。国産の「缶詰」を作ろう！

最初は東京で試験的に製造を始めたが、より適した場所があることに気付く。蝦夷地から名前を「北海道」に変えた北の大地である。北海道で産業を興す候補として「缶詰」に白羽の矢が立った。1877（明治10）年に、札幌市の北に位置する石狩市で日本初の缶詰工場がスタートした。その名も「北海道開拓使石狩缶詰所」。アメリカから招いた技術者の指導を受けながら、その年の10月10日、早くも国産の「缶詰」ができ上った。それは「鮭《さけ》」の缶詰、石狩川で獲った新鮮な鮭が使われたのだった。後に10月10日は「缶詰の日」に制定されている。

日本の開発技術の進歩は目覚ましく、1年目には1万5000缶もの「サケ缶」が製造され、翌年には早くも海外への輸出が始まった。しかし、国内での消費はまだまだ少なかった。価格が高かったからだ。当時は1缶あたり20銭から35銭、米1升（10合）が7銭した時代で、「缶詰」を一般家庭で食べるのにはハードルが高かった。しかしその手軽さと便利さによって「缶詰」は成長を続け、昭和時代に入ると、マグロ（ツナ）、カニ、イワシ、さらにミカンやパイナップルなどのフルーツにも品目が広がった。価格も買い求めやすい値段になっていき、広く国民が愛する食料品へと育っていった。

今日では「缶詰」の種類はますます増え続け、鶏飯や牛めしなどの〝ご飯もの〟から、タコ焼きやお好み焼き、さらにはケーキやパンも人気を集めている。災害に備えた保存食としても活用されている。そして、昭和40年代に入り「缶詰」の技術を生かした「レトルト食品」も登場しているが、最近ではこれらレトルト食品が目覚ましい勢いで種類を増やしている。そんな国産の「缶詰」が誕生してから、やがて１５０年の歳月が経とうとしている。

ファッション

31

口紅

［伊勢半］

1825年

キスしたくなる唇を色鮮やかに演出する ニッポンの「口紅はじめて物語」

江戸時代の紅《べに》から始まり、唇を魅力的に彩ってきた「口紅」。化粧という習慣は、古来より人類にとって大切なものだったようだ。エジプトでは、紀元前3000年頃のものと見られる「口紅」が見つかっている。脂肪や樹脂などと混ぜ合わせた顔料や染料を小さな壺に入れて、細い棒や指などに付けて、唇に塗ったようだ。そんな口紅、日本には6世紀の飛鳥時代に中国から伝わったといわれる。紅の花の汁から作ったもので、このベニバナはエジプト原産、オレンジ色の鮮やかな色だった。江戸時代になると、このベニバナは日本各地で栽培されるようになり、口紅も庶民の暮らしへと広がっていった。

江戸時代の末期、1825（文政8）年、江戸の日本橋に澤田半右衛門が紅屋を創業した。

その店名は「伊勢屋半右衛門」、通称「伊勢半」。当時は京都産の紅が市場を占めていたが、自分たちの手で紅を作ろうと決めて、独自の工夫を凝らして、やがて玉虫色の鮮やかな紅を作ることに成功した。「紅猪口《ちょこ》」に入れられたこの紅は江戸の町で評判になる。

明治時代の末期には、棒の形、今日の形態に近いスティック状の「口紅」が、欧米から日本にも入ってきた。大正時代には、日本でもスティック状の「口紅」が作られて、猪口型の形状から進化していく。伊勢半も紙で巻いた「口紅」を発売した。アメリカでは、ねっとりとした油性の「口紅」が作られて、その情報は伊勢半にももたらされた。日本では伝統的に、唇の一部に控えめに塗っていた紅も、唇全体にしっかりと塗るようにと変化していった。欧米に負けない「口紅」を作りたい。伊勢半では、いち早く、その開発に乗り出した。

昭和に入ると、伊勢半は日本国内向けに加えて、中国など海外に輸出する口紅も作るようになった。そしてこの頃に発売した口紅には、世間があっと驚く商品名が付けられていた。それが「キスミー」、日本語に訳せば「私にキスして」。戦前の日本では、およそ考えもつかないような大胆なネーミングで、伊勢半の「口紅」は評判を呼ぶ。今日まで脈々と続く「キスミー」ブランドの誕生だった。

太平洋戦争が始まると、口紅の原料も手に入りにくくなり、伊勢半も東京大空襲によって、蔵一つ残して全焼する大きな損害を受けた。しかし、6代目の澤田亀之助は、蔵に残っていた油脂やセルロイドなどを使って、再び口紅作りを始めた。つらい時だからこそ「化粧」という日常の行為は、人々を勇気づける。容器も不足していたため、成形した口紅を、まるでキャンディーのように紙で包んだ簡素な包装での提供だったが、伊勢半の気概は、敗戦によって沈む町を少しずつ〝紅色〟に明るく染めていった。

戦後の復興が進む中、アメリカへ視察に行った亀之助は、数多くの種類の「口紅」がスーパーマーケットの棚に吊るして売られている光景に出合う。女性たちは、それを選びながら、次々と買って行く。「口紅」は、そこまで人々の暮らしに浸透していた。

亀之助は、伊勢半が生み出したブランド名「キスミー」にこだわった。1946（昭和21）年には、「キスミー特殊口紅」を発売した。耳鼻科で粘膜の治療に使われるラノリンという油脂を配合して、口紅の成分に使った。戦後の食糧難の時代に「口唇に栄養を与える」と作られたこの特殊口紅は、伊勢半にとって最初のヒット商品となり、「キスミー」の名をますます広めることになった。

キスミー口紅の進化は続く。1955（昭和30）年には、「キッスしても落ちない」というキャッチコピーで、新製品を発売した。ポスターには、今にも男女がキスをしようと唇を近づける絵を使った。海外にもないようなこの刺激的な宣伝は、女性たちの心に刺さり、キスミー口紅は日本の「口紅」のトップブランドになった。

「口紅」の開発をしながらも、伊勢半が作り続けているものがある。それは江戸時代から受け継がれてきた伝統の口紅、「小町紅」。今や日本では、伊勢半だけが作っている国産の紅は、海外のメーカーからも高い評価を受けている。紅にこだわる、老舗「伊勢半」の矜持である。

ユーミンが荒井由実時代に作り、自ら歌った『ルージュの伝言』をはじめ、『唇よ、熱く君を語れ』『Ｒｏｃｋ'ｎ Ｒｏｕｇｅ』など、数多くの歌でも親しまれてきた「口紅」。作詞家の松本隆は『リップスティック』という作品で、口紅について「さよならの灯をともすように」「くちびるの優しさかくして、影のある大人に見せたい」と女心を表現した。口紅はいつの時代も化粧品の主役であり、いつの時代も〝紅をさす〟それぞれの人生を彩っている。これまでも、そして、これからも……。

食品・料理

32

シウマイ

［崎陽軒］

1928年

駅弁から始まった人気の味！
横浜が舞台の「シウマイはじめて物語」

豚肉の旨味が凝縮された点心「シューマイ（焼売）」を愛する人は多い。湯気が出ているシューマイを頬張る時の、得もいわれぬ幸福感、そして絶妙の風味。そんなシューマイは、中国の南部、広東省の発祥である。「シャオマイ」と呼ばれ、春巻とともに中国料理を代表する点心となった。そんなシューマイは、17世紀の江戸時代にはすでに日本に伝わっていたといわれる。そして、横浜の南京街（現在の中華街）で受け継がれてきた。

当時の横浜駅（現在の桜木町駅）で駅長をしていた久保久行は、駅長を退職する時に妻の名義で駅構内での営業許可を受けて、１９０８（明治41）年から寿司や餅、飲み物などの販売を始めた。久保は長崎県の出身だった。江戸時代に出島によって、日本で唯一、異国との扉が開かれていた長崎は、中国の商人たちから「太陽の当たる岬＝崎陽」と呼ばれていた。そこで久保は自身の店を「崎陽軒《きようけん》」と名付けた。

明治40年代の東海道線では次々と駅弁の店が登場して、ホームでは肩から紐でつった木箱に駅弁を積み上げて、声高らかに販売する風景が見られるようになった。崎陽軒も本格的に駅弁に力を入れることになり、久保の婿養子だった野並茂吉を支配人に迎えた。この野並、大変なアイデアマンだった。横浜駅は、始発駅である東京駅に近いため、駅弁を売るには地理的に不利な条件だった。そこで、野並は考えた。

「何か他とは違う、横浜ならではの名物を作れないだろうか」

そんな時、横浜の中華街で突き出し（お通し）に出てくる「シューマイ」に着目した。

「シューマイを横浜名物にしよう！」

本来は、ホカホカに蒸して食べる「シューマイ」。しかし、駅弁でそれは難しい。ならば「冷めても美味しいシューマイ」を作ることはできないだろうかと、中華街から点心の職人を店に招いて開発を始めた。1年の歳月の末、豚のひき肉に加えて、干し帆立の貝柱を入れるアイデアに辿り着いた。従来のシューマイの味に、豊かな風味と膨らみが加わった。また、揺れる列車内でも食べやすいように、大きさも「ひと口サイズ」にした。こうして、1928（昭和3）年に崎陽軒のシューマイが完成した。初代社長に就任していた野並は、商品名を「シウマイ」とした。野並は栃木県出身で、「シュ」という発音が苦手だったらしいと、崎陽軒の広報担当者はふり返る。本場の広東省でも「シウマイ」に近い発音をしていたこともあって、崎陽軒では、一般的な「シューマイ」ではなく「シウマイ」とした。

戦後になると、崎陽軒は、横浜駅のホームに、駅弁の売り子ならぬ「シウマイ娘」を登場させた。赤い服を着て、手籠に入れたシウマイを車窓を通して売る女性たちは、小説や映画にも登場するなど、人気者になった。1954（昭和29）年には、シウマイをメインに玉子焼きや焼き魚を加えた「シウマイ弁当」を発売。ひょうたん型の小さなしょう油入れには、漫画家の横山隆一が顔を描いた。「ひょうちゃん」と名付けられ、〝いろは〟48文字にちなんで全部で48種類を製作。これを集めるコレクターまで出てくるほどの人気となった。

駅弁として、どんどん売れるようになると、旅行客からこんな要望が出始めた。

「こんなに美味しいシューマイならば、お土産に持って帰りたい」

そこで崎陽軒は、1967（昭和42）年に「真空パックシウマイ」を発売した。現在では一般的に使われる「真空パック」という言葉は、実は崎陽軒が「シウマイ」のために考え出したオリジナルの言葉なのである。真空パックのシウマイは保存ができるため、遠方へのお土産にも最適だった。崎陽軒の「シウマイ」は、季節ごとの味も採り入れるなど、ますます進化を続けている。駅弁から始まった横浜の味は、時代を超えて多くの人々に愛されている。

暮らし

33

石けん

［長瀬商店］

1890年

日本の暮らしに「石けん」を！
香りと色を追求した明治から令和へ続く開発史

「石けん」のルーツは古代ローマ時代にさかのぼる。丘の上の神殿で羊を焼いて神に供える儀式があったが、したたり落ちた脂が木の灰と混ざって固まった。この土で手を洗ってみたところ、汚れがよく落ちた。脂と、灰の持つアルカリ成分が混じり合った〝偶然の産物〟だった。この不思議な土は「石けん」として、ヨーロッパ各地で作られるようになった。その丘は「サポーの丘」と呼ばれていたため、英語の「soap（石けん）」の語源になったと伝えられる。

日本に「石けん」がやって来たのは16世紀、種子島に鉄砲が伝えられたのと同じ時期にポルトガルから持ち込まれた。この時の名前は「シャボン」と呼ばれていた。明治時代になって、初めて国産の石けんも作られるようになった。そんな「石けん」に目を付けた人物がいた。長瀬富郎、江戸時代の1863（文久3）年に、美濃国（現在の岐阜県中津川市）に生まれた。11歳の時から雑貨商で働いていた長瀬は、24歳の時に独立して「長瀬商店」を創業した。文房具や帽子など店で扱う商品の中に、海外から輸入した「石けん」もあった。顔や身体を洗うことができたが、とても高価で一般庶民には手が出ない。この頃の日本には品質はいいが高価な舶来品の石けんと、安価だが品質の悪い国産石けんしか市場になかった。「日本人の暮らしを清潔にしたい」そのためには「国産の優良な石けんを作る必要がある」と長瀬は考え、自らの手で多くの人が使うことができる「石けん」を作ることを決意した。

長瀬が目指したのは、顔や身体を洗うことができる「石けん」だった。石けんを作った経験のある職人や薬剤師に声をかけて、石けん作りがスタートした。それまでの国産石けんは、使うと肌がひりひりしたり布地に色が移ったりした。一方の輸入石けんも強い香りがして、日本人には合わなかった。長瀬は舶来品に勝つために日本人好みの飽きのこないい香り、色落ちしない色素、肌に良い成分を探し求めた。国産の「石けん」としてふさわしい色は？　そこで思い付いたのが故郷岐阜県の特産物である柿の実の色だった。さらにサリチル酸が抗菌効果もあり、肌にも優しいことが分かり配合した。そして1890（明治23）年、ついに自分たちの「石けん」が完成した。半年をかけて作ったこの石けんに、新しい名前を付けることにした。「顔を洗うための石けん」、ならば覚えやすいように「顔」という響きをそのまま使って「かおう石鹸」と名付けた。漢字は「花」と「王」とした。日本を代表する「花王石鹸」の誕生だった。

輸入品に負けない高級感を出し品質を伝えるために、石けんは一つ一つ蝋《ろう》の紙で包んだ。さらにそれを専門家の分析による品質保証書や効能を書いた12ページもの説明書で包み、一番表には「花王石鹸」という商品名を印刷した美しい上質紙で包装した。人の顔になっている月のマークも、長瀬自らが考えた。それを桐箱に3個ずつ入れて、1箱35銭で発売した。蕎麦1杯が1銭の時代、花王石鹸1個は蕎麦12杯分、現在ならば6000円という高価な品物だった。当初は贈答用として人気を集めた「花王石鹸」だったが、鉄道沿線に立て看板を設置するなど、当時としてはユニークなPR作戦によって、次第に日本全国に広がっていった。

長瀬らが作った国産石けんの歩みは続く。時代は昭和、高度成長期を迎え大阪で万博が開催された1970（昭和45）年に誕生した「花王石鹸ホワイト」は、クリームの成分が入った滑らかさから「クリームみたいな石けん」というキャッチコピーで一躍人気商品になった。身体を洗うための液体石けん「ボディーソープ」、髪の毛を洗うための「シャンプー」、台所の必需品である「洗剤」など、より使いやすく、より肌に優しく、そして環境にも配慮して。明治から令和へと時代は移っても「石けん」の進化は続いている。

ファッション

34

セーラー服

［金城女学校］

1921年

「セーラー服」はじめて物語
〜女学生の青春を刻んだ制服の誕生と苦難の歴史

女子学生にとって制服の定番ともいえる「セーラー服」。その歴史を辿ると、戦前から戦後にかけて日本が歩んできた時代が、歴史とともに浮かび上がってくる。

「セーラー服」は、もともと1857（安政3）年にイギリスで生まれたとされる。「セーラー（sailor）」は〝船乗り〟を意味する言葉。19世紀当時のイギリス海軍には統一された制服はなく、艦長の意向を受け軍艦でそれぞれの制服を着用していた。しかし、それでは国としての統一感がないという声も出て、海軍共通の制服を作ることになった。甲板の上で作業しやすいように、2枚の布を前後に縫い合わせたシンプルな作りにして、大きな襟をつけた。イギリス王室の皇太子も着用したことから「可愛い」と評判になり、子ども服としても人気を集めるようになった。明治時代には日本にも持ち込まれ、1872（明治5）年、日本も海軍の制服として採用した。

そんな明治時代、日本の学校にはまだ制服がなかった。女子生徒は髪は丸髷《まるまげ》や高島田に結い、着物に下駄という姿で学校に通っていた。明治時代の後半になると袴《はかま》が登場したが、着物も袴も動きにくい。西洋からの情報が入りやすかった都市部の学校では、通学用に洋服を推奨するところも出始めた。

愛知県名古屋市に1889（明治22）年に開学したミッション系の女学校、金城女学校（現・金城学院）もその一つだった。大正時代に入った1920（大正9）年4月、新入生に対して「用意できる人は洋服で登校するように」と、着物から洋服へと通学服に関する方針を変えた。が、毎日違う服では、家庭の負担も大変だろうと考えていた時、来日していたアメリカ人教師チャールズ・ローガンの娘が、水兵服を着ていた。その頃の欧米では、男の子にも女の子にも水兵服を着させる流行があった。

「可愛い！　これを制服にしたらどうだろうか？」

金城女学校の先生たちは、この洋服をひと目見て気に入った。早速、ローガン先生から娘の服を借りて寸法を測ったり型どりをしたりして、制服作りをスタートした。イギリスのセーラー服はズボン姿だったが、金城女学校はスカートを組み合わせることにした。こうして「上は水兵服、下はスカート」という新しいセーラー服が誕生した。京都の平安女学院が前年に洋式の制服を採用していたが、こちらはワンピースだった。上下が分かれている現在のような「セーラー服」は1921（大正10）年9月に、金城女学校が日本で初めて制服として制定しており、同校によると、大学の研究者の論文にもその歴史が掲載されて発表されているという。

新しい制服は誕生したが、慣れない新入生の中には、服の前後を間違えて逆さまに着てくる生徒もいた。このため学校では、新しい「セーラー服」をより深く理解してもらおうと、父母を招いてのファッションショーを開催するなど、定着に努めた。しかし、太平洋戦争が始まると、セーラー服にも苦難の時代が訪れた。「おしゃれはぜいたく」という空気が社会にも学校にも広がり始めて、スカートは禁止された。それでも金城女学校は、スカートの代わりにモンペを穿《は》きながら、上着だけは「セーラー服」を守り続けた。同時に、紺色の襟に入っていたシンボルの白線も3本から1本に減らした。戦争が終わり、スカート着用も許されて、再び以前のような「セーラー服」に戻ったが、襟のリボンは戦争中と同じ「1本のまま」と決めた。それは戦火の中を懸命に生き抜いたことを忘れず、平和に感謝したいという強い思いからだった。金城学院の「セーラー服」の白線は現在も1本のままである。

薬・医療

35

体温計

［赤線検温器株式会社］

1921年

健康と命を守りたい！
国産の「体温計」作りにかけた町工場の熱き心意気

誰もが世話になったことがある「体温計」。日本での開発の歴史を辿ると、人の身体の熱を測るという健康と体調管理の〝原点〟にかけた先人たちの熱き思いに圧倒される。

体温計は、17世紀初頭のイタリアで生まれたと伝えられる。医者のサントリオ・サントリオが、人間の身体からは動かなくても常に熱が出ていることを知り、それを数値化できないかと考えた。水を入れた容器に熱がこもると水位が上昇することを利用して、体温を測ることに成功。これが世界最初の「体温計」とされる。18世紀になると、ドイツで水の代わりに水銀を利用するようになり、やがて日本にも「体温計」が入ってきた。国産の水銀体温計作りも始まったが、まだまだ輸入品が重宝される中、1914（大正3）年に第一次世界大戦が始まり、ヨーロッパからの体温計の輸入が滞ってしまった。

「自分たちでもっと質の高い体温計を作ることはできないか」そんな気運が盛り上がった。

東京の本所区（現在の墨田区）に「竹内製作所」という小さな町工場があり、20人ほどの社員が水銀体温計を作っていた。社長である竹内英二の名前を取って、商品は「エイジー体温計」と名付けられた。竹内は様々な工夫を体温計に施す。水銀では体温計の目盛りが見にくいという欠点を克服しようと、細いガラス管の中に赤い線を敷いた。この「着色体温計」では、赤い色を背景に水銀が目盛を刻んでいく。体温はとても見やすくなった。

1921（大正10）年、東京医師会などが援助して新会社を作り、竹内の仕事を発展させて体温計を量産しようという動きが生まれた。賛同人には〝近代日本医学の父〟と呼ばれる北里柴三郎も加わった。会社の名前は「赤線検温器株式会社」に決まった。竹内が発明した赤い線の「着色体温計」に由来する。

水銀体温計の〝命〟ともいえるのは細いガラス管だった。体温を正確に測るためには、水銀が正確に目盛りを刻めるように〝細く〟、そして〝均等な〟管を作らなければならなかった。その精密なガラス管作りは、まさに職人による手作業だった。溶かした熱いガラスを鉄の吹き棒で巻き取りながら延ばす。一人が高温で熱せられたガラスの端を「やっとこ」という金具で挟んで持ち、もう一人がガラスのもう一方の端を持って走って延ばす。その距離はおよそ50メートル。熱が冷めないうちに延ばさねばならず、まさに全力疾走で1本1本のガラス管を作っていた。しかしこの方法では、大量のガラス管を作ることはできない。そこで、溶かしたガラスを下から上へ持ち上げて延ばす独自の機械も開発。水銀体温計作りの量産体制が整った。

国産の体温計作りに暗雲が立ち込めたのは太平洋戦争中だった。1945（昭和20）年の東京大空襲によって工場一帯は焼け野原となった。しかし、小さな土蔵だけは焼け残った。そしてその中には、製作途上の体温計約37万本が無傷で保管されていたのだ。ガラスは経年劣化で縮んでしまうが、土蔵の中だったことが幸いした。戦後復興の中、体温計の需要は飛躍的に増えた。赤線検温器は奇蹟的に残っていた体温計をもとに、再生へ力強く歩み出したのだった。この会社が、現在の「テルモ株式会社」である。2021（令和3）年には創立100周年を迎えた。

「体温計」の開発は続く。1983（昭和58）年には「電子体温計」が登場した。水銀体温計と違い、落としても破損しにくく、水銀による環境汚染の心配もない。さらに〝これ以上は目盛が上がらなくなる〟まで10分間ほど実測する水銀体温計と違って、電子体温計は、体温の上昇を〝予測して〟合図の音で知らせてくれる。計測時間も一気に短縮されて、1分間、さらに20秒間での計測も可能になった。日本製の「体温計」は目覚ましく進化して、海外へも次々と輸出されている。

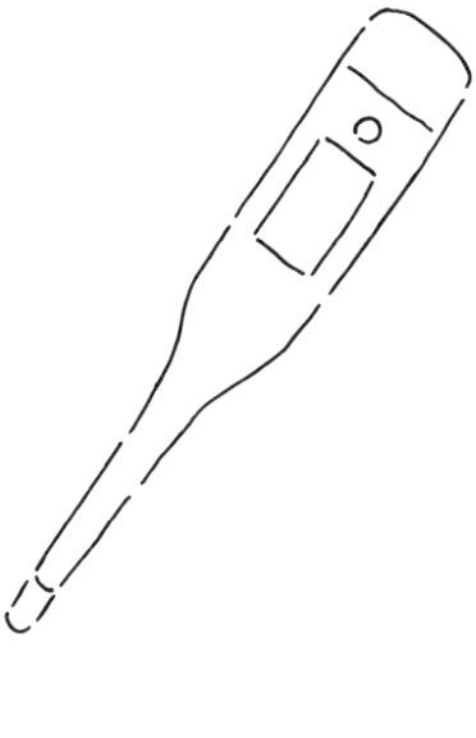

暮らし

36

段ボール

［三盛舎］

1909年

「段ボール」の魅力！ ニッポンの物流に革命をもたらした開発の歩み

古くから〝紳士の国〟と呼ばれるイギリス。必需品ともいえるシルクハットの内側に、19世紀半ばから通気性、柔軟性に優れた〝波状〟の紙素材が使われた。これが「段ボール」の始まりとされる。その後、アメリカでは、そのクッション性を生かして〝物を包む〟包装紙として使われるようになった。

そんな紙の特性に目を付けた日本人がいた。井上貞治郎《いのうえていじろう》、1881（明治14）年に兵庫県姫路市で生まれた。商売に関心のあった井上は、洋服店や飲食店など30種類以上の職種を経験した後、1909（明治42）年に東京で「三盛舎」を創業。そんな折、海外に割れやすいガラス製品などを包む緩衝材として使われている厚紙があることを知った。その紙は「板みたいな厚い紙」という意味で、英語では「ｐａｐｅｒｂｏａｒｄ」。その「ｂｏａｒｄ（ボード）」が「ボール」に聞こえたため、日本では「ボール紙」と呼ぶようになっていた。そんなボール紙を波状にした紙は「波型紙」「電球包み紙」などとも呼ばれていたが、海外からの輸入品で高価な品だった。

数々の職を経験してきた井上は、その波打った紙が、いろいろなところで役に立つことを直感した。「よし、自分で作ってみよう！」。早速、綿繰り機を参考に、凸凹が付いた鋳物製のロールの間に紙を入れ、クルクルと回してボール紙を波状にする機械を開発した。ところが、実際に紙を入れてみるとゆがんでしまい、まるで扇《おうぎ》のような形になってしまった。井上は、分銅を使って左右のバランスを調整したり台座にバネを入れてみたりと悪戦苦闘の末、波状に凸凹が付いた紙を作ることに成功した。井上は、自らが作ったこの紙を〝段差のある紙〟と見立て「段ボール」と名付けた。１９０９（明治42）年に誕生した日本初となる段ボールは、電球、化粧品、薬の瓶など割れやすい品物を包むことで需要が高まった。

そんなある日、井上に「香水用の瓶を半ダース入れる箱がほしい」という依頼が舞い込んだ。アメリカにはボール紙を使った箱があることを知った井上は、それを参考に「段ボール」を、

2枚のボール紙で挟み込んで3重に分厚くして、それによって箱を組み立てた。段ボールを作ってから5年となる1914（大正3）年、日本で初めて「段ボール箱」が誕生した。

段ボール箱には、多くの長所があった。

①軽い。重さも木箱の3分の1程度

②使わない時は畳んで置いておける

③組み立てる時は、釘など不要

④サイズも中身に合わせて自由自在

⑤衝撃をやわらげるクッション機能

物を運ぶ時には、それまでの木箱に代わって段ボール箱が使われるようになっていった。もみ殻を入れた木箱で運んでいたフルーツ類も、簡単に安全に運べるようになった。井上の「段ボール箱」は、物流という世界に、まさに革命をもたらした。

井上は、1923（大正12）年に大阪にある紙メーカーと合併し、紙の生産から段ボール作り、さらに段ボール箱の組み立てまでワンストップで製造する会社に発展させた。そして、1972（昭和47）年に会社名を「レンゴー」と変えた。業界の第一人者「レンゴー株式会社」である。

「ゆりかごから棺桶まで、すべて段ボールで作ってみせる」と語った井上。段ボールは、机やベッドなどの家具にも活用されている。また、災害時の避難所でのパーテーションとしても重宝される。使わない時には折りたたんでおけることは大きなメリットである。紙のリサイクルも進む中、SDGsの目指す循環型社会にも大きく貢献。日本で初めて井上が開発した「段ボール」は、私たちの暮らしに欠かせないものになった。どんなものでも包み込み、中身を守る包容力は、ニッポンという国の底力を象徴しているようだ。

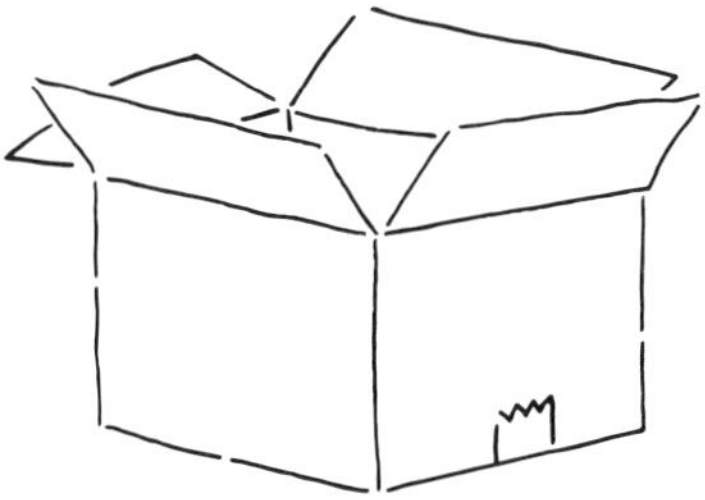

靴・履物

37

長靴

［伊藤ゴム（伊藤ウロコ）］

大正時代初期

国産「長靴」は魚河岸で生まれた！
〝滑りにくい靴底〟のヒントをくれた生き物とは⁉

「長靴」のルーツは、19世紀にイギリスで広まったウェリントンブーツだと伝えられる。ナポレオン戦争の英雄ウェリントン公爵が、乗馬の時に足の脛《すね》が傷つくことを防ぐため、膝の下まである長い乗馬靴を注文した。そんな由来を持つ「長靴」は皮製からゴム製へとアメリカなどで進化していく。

日本でそんな「長靴」に目を付けた人物が、東京日本橋の魚河岸《うおがし》にいた、伊藤千代次。初代の政次は、魚市場での作業者向けに「小田原下駄」という履物を扱っていた。二代目の千代次も店を継ぐと、水たまりやぬかるみでも歩きやすいように、草履に板を付けて底を高くした「板割り草履」を発明して、市場での人気商品になっていた。しかし、海外から「ゴム」という素材が日本に入ってくると、千代次は決意した。

「木を使った下駄の時代は終わった。これからはゴムの履物だ」

下駄の商店をあっさりと閉めてしまい、1910（明治43）年に「伊藤ゴム」を創業した。アメリカの百貨店で、ゴムを使った女性用の長靴レインブーツが発売されたことを耳にした千代次は、早速カタログを入手。魚市場での作業に適した日本製の「長靴」を作ろうと決意する。

真っ先に取り組んだテーマは「滑りにくい靴底」だった。床が水で濡れている市場では重要なことだった。ヒントになったのは蛸（たこ）の吸盤。吸いついたら離れない、いかにも魚河岸の人間らしい着想だった。しかし天然ゴムをそのまま使ったのでは、どうしても弱い。顕微鏡まで持ち出して、靴底のデザインを徹底的に研究して、形状やゴムの配合などを何度も調整した。さらに蛸の吸盤と同じ「丸い形」とピラミッド型の「三角の形」の2種類の吸盤を組み合わせるなど、滑りにくい靴底を追求した。そして大正時代に入った頃に、目指す長靴が完成し、「白底付大長」と名付けられた。魚市場生まれの長靴第1号だった。「伊藤ゴム」は1958（昭和33）年に店の屋号を「伊藤ウロコ」に変えた。「ウロコ」は、魚の鱗ではなく、商売繁盛の神様である白蛇、そして海難事故から漁師を守る龍神、この二つの鱗から命名した。

「長靴」の開発は続いた。「滑りにくさ」に加えて「丈夫さ」そして「履きやすさ」も重要だった。なぜなら、伊藤ウロコの「長靴」は、雨の日に街で履くレインブーツではなく、魚市場で作業するための履物。「丈夫さ」では、踵《かかと》部分を3センチに厚くして、ゴムもしっかり詰め込んだ。長時間の立ち仕事が多い魚河岸の人々にとって歩いても疲れにくく、そして朝の早い市場での冬の底冷えから足を守る効果もあった。「履きやすさ」では、足首を自由に動かしやすいようにゴムの柔らかさを調整した。市場内を歩き回るとともに、時にフォークリフトなどの作業車も操作する。そのため足首が自由自在に動くことは重要だった。さらに靴底の開発も続いた。魚市場の床は水で濡れているだけではなく、魚から出る脂もあった。ゴム素材の配合を工夫することで、脂でも滑りにくい新たな長靴も開発した。こうして伊藤ウロコの「長靴」は進化を続け、魚市場で欠かせない履物として成長していった。

「長靴」は、その他の多くのゴム製品メーカーでも製造されて、人々の生活に入り込んでいった。丈夫で履きやすさを目指した伊藤ウロコの作業用「長靴」も、市場だけにとどまらず、魚釣り、園芸、そしてバードウオッチングなど、幅広い用途で使われるようになった。土の上で足音が響きにくい靴底は、森の中で鳥を観察するのに最適だった。また、市場で使う作業用の長靴は海外でも珍しいことから、観光で魚河岸を訪れる海外からの客にも人気の商品になった。

暮らし

38

入浴剤

［津村順天堂］

1897年

お風呂タイムを幸せに演出！魅力たっぷり「入浴剤」の温かい開発史

いきなりプロ野球の話で恐縮だが、ペナントレース前の各球団のキャンプで選手にとって嬉しい差し入れが「入浴剤」だそうだ。猛練習の疲れを宿舎の風呂で癒《いや》す時に、とても重宝すると聞いたことがある。そんな「入浴剤」の歴史を訪ねる。

入浴する時に、湯に何かを入れるという行為は、昔から世界各地にあった。古代エジプトでは香油《こうゆ》や花びらを入れたり、古代メキシコでは薬草を湯に入れて病気を治したりしたという。日本でも江戸時代に「薬湯」と言って、湯に薬草を入れて皮膚病を治療した。また、端午の節句には「菖蒲湯」、冬至には「柚子湯」などの習慣も生まれた。明治時代の中頃には、自然界で採れた生薬《しょうやく》を配合して、それを布袋に入れてお湯に浸ける商品も登場した。

日本に「入浴剤」とともに歩んだ人がいる。1871（明治4）年に現在の奈良県で生まれた津村重舎《つむらじゅうしゃ》。母方の実家が薬を扱っていたことから、1893（明治26）年に東京日本橋で薬屋を創業し、実家伝来の婦人薬「中将湯《ちゅうじょうとう》」を製造していた。この中将湯を精製するときに廃棄してしまう生薬の残りを家に持ち帰って風呂に入れると、夏は汗疹《あせも》に効き、冬は温泉のように体が温まると社員の間で以前から評判となっていた。この評判が日本橋や目黒の銭湯の耳に入り、分けてほしいといわれるようになる。

津村は「これを商品にしよう」と思い付く。早速「中将湯」を使い、風呂用の新製品を製造し、町の銭湯へ売り込んだところ、この銭湯は大繁盛。1897（明治30）年、日本で最初の「入浴剤」誕生の瞬間だった。

しばらくすると、この「中将湯」の入浴剤に客からこんな感想が寄せられた。

「体は温まるけれど、夏は湯上がりの汗が引かなくて困る」

津村は考えた。「風呂上がりの体がスーッとするような入浴剤はできないか」

大学の研究室に相談を持ちかけて、香りと成分を共同で研究した。その結果、爽やかさを出す〝香り〟には、特に「松の葉」の香りが適していることが分かり、温泉のミネラル成分に混ぜ合わせた。また特殊な色素を配合することで、粉の段階ではオレンジ色だが湯に入れると蛍光色を発色して〝緑色〟に変色するという工夫を加えた。香りは爽やか、見た目も鮮やか、夏でも気持ち良く使うことができる「入浴剤」は、１９３０（昭和５）年に発売された。ブリキの缶に入れて、１５０グラムで50銭。現在の価値では４０００円という高級品だったが、この新たな入浴剤は、再び銭湯で大人気となった。

津村はその入浴剤に、「お風呂で体をきれいにする」という思いを込めて、ｂａｔｈ（バス）とｃｌｅａｎ（クリーン）から「バスクリン」と名付けた。ちなみに、津村が創業した薬屋の名前は「津村順天堂」、その後「株式会社ツムラ」に社名を変えた。現在は商品名を付けた「株式会社バスクリン」という社名で独立し、多彩な「入浴剤」を作り続けている。

昭和30年代に入ると、一戸建ての家や公団住宅が増えて、多くの家庭に内風呂ができた。銭湯から家庭の風呂へ。「誰でも、家庭で手軽に温泉を」という願いは、時代の波に乗った。「バスクリン」は一時生産が追いつかないほどの大ヒット商品になった。香りも種類が増えて「バスクリンジャスミン」や「バスクリンブーケ」などが登場した。ジャスミンには日本人の好みに合わせて、少し甘い香りも加えた。夏向けの入浴剤として独立させた「クールバスクリン」も１９７５（昭和50）年に発売された。全国各地の有名温泉の成分を入れた「日本の名湯シリーズ」も人気になった。「薬湯シリーズ」には保温湯と発汗湯、「クールシリーズ」には、桃やメロン、さらに沖縄特産のシークワーサーなど爽やかさを演出する香りが加わった。

プロ野球の選手たちも、好みの「入浴剤」を選んで、キャンプの練習後のひとときを楽しんでいることだろう。

暮らし

39

歯ブラシ

［小林富次郎商店］

1914年

国産の「歯ブラシ」はこうして生まれた！ 歯の健康を守る心意気と究極のアイデア

歯みがきをしていますか？　6月4日は「虫歯予防デー」。歯の病気を防ぐ歯みがきの習慣は、紀元前の古代ギリシアの頃からあったと伝えられている。15世紀の中国では、骨に豚の毛を植え付けたブラシのようなもので歯をみがいたという記録もあり、これが世界で最初の「歯ブラシ」ではないかといわれている。

日本には、江戸時代に「ふさようじ」という、木の枝の先を煮たり叩いたりして柔らかく〝ふさ〟のようにした道具がお目見えして、「磨砂《みがきすな》」という粉を使って歯をみがいていたようだ。

そんな江戸末期の1852（嘉永5）年に、武蔵国（現在の埼玉県ほか）で生まれた小林富次郎。石けんを作る工場で働いていたが、その後に独立して、東京で「小林富次郎商店」を創業した。石けん作りからスタートした小林富次郎商店は、その後歯磨き粉を作り始める。歯の臭いを消し、虫歯も予防できる。自慢の歯磨き粉はできたものの、それに見合う〝道具〟がない。今でいう「歯ブラシ」だ。そこで歯をみがく道具「歯ブラシ」も自分たちで作ることを決意した。

東京歯科医学専門学校（現・東京歯科大学）の指導を受けながら、国産の歯ブラシ作りをスタート。開発のポイントは二つあった。一つ目は「毛先」、二つ目は手で握る「柄」の部分だった。

毛先には弾力性があって切れにくい豚の毛を使った。さらに歯の並びにぴったりと合うようにブラシの毛は一列に揃えた。柄の部分には、丈夫な上に熱湯での消毒にも耐え得る牛の骨を使い、持ちやすくて口の中でも使いやすいように太い部分と細い部分のメリハリもつけた。こうして、1914（大正3）年に、歯ブラシ第1号が完成した。小林富次郎商店はこれに「萬《ばん》歳歯刷子《ざいはぶらし》」という名前を付けた。この歯ブラシは、男性用、女性用があり、その後、子ども用や毛の硬いもの、毛の柔らかいものと、様々な種類の型が取り揃えられていった。さらに完全消毒したうえで、1本ずつ個別に包装して売り出す徹底ぶり。使う人に寄り添った細やかな対応だった。その頃すでに創業者の小林は亡くなっていたが、「歯の健康を守る」という熱い思いは、しっかりと受け継がれていく。

時代が昭和に入った1927（昭和2）年、この歯ブラシは「ライオン歯刷子」と商品名を変えた。小林が最初に作った歯磨き粉の商品名「獅子印ライオン歯磨」から、「ライオン」というブランド名が採用された。小林富次郎商店、現在の会社名は「ライオン株式会社」である。

ライオンの歯ブラシは人気商品となったが、太平洋戦争が始まると柄に使う牛の骨が不足した。このため合成樹脂を用いるようになり、さらには木や竹も用いられた。戦後はブラシ部分の毛についても開発が進み、化学繊維のナイロンが使われるようになった。こうして1951（昭和26）年に「ナイロン植毛 ライオン歯刷子」が発売された。

「国産歯ブラシ」の進化は続く。ブラシの毛先が凹凸になって汚れを落としやすくしたもの、極細の毛によって歯間に入り込み汚れをとるもの、旅行用の携帯用歯ブラシ、そして電動の歯ブラシ。

日本の開発技術によって進化を続ける「歯ブラシ」は、今や私たちの暮らしに欠かせないものになった。

楽器

40

ピアノ

［日本楽器製造株式会社］

1900年

静岡県浜松市を舞台に〝奏でられた〟熱き職人たちの開発秘話

世界に存在する数々の楽器の中でも、存在感と人気においてトップクラスなのが「ピアノ」であろう。日本での本格的なピアノ作りには、開発に精魂込めた職人たちの熱い思いと努力の日々があった。そんな「ピアノはじめて物語」を紹介する。

世界最初の「ピアノ」は、ハープシコード（チェンバロ）の製作者だったイタリア人のバルトロメオ・クリストフォリが、18世紀に作ったと伝えられる。「ピアノ・エ・フォルテ」と名付けられた。イタリア語で「弱い音と強い音」を意味する。この幅広い音域を使って、モーツァルトやハイドンらが、数々の名曲を生み出していった。そんな「ピアノ」が日本にお目見えしたのは江戸時代の後半、ドイツ人医師であるフォン・シーボルトによって持ち込まれた。四角いテーブル型の小型ピアノで、当時の長州藩、今の山口県萩市に現存している。

日本で本格的なピアノ作りを始めたのは、山葉寅楠《やまはとらくす》である。江戸時代末期の1851（嘉永4）年に紀州藩（現在の和歌山県）に生まれた山葉は、子どもの頃から機械いじりが大好き。時計作りをしたり、医療機器会社で修理を担当したり、自らの技術を生かした仕事をしていたが、36歳の時に転勤先の静岡県浜松市で小学校からオルガンの修理を頼まれた。このオルガンはアメリカ製だったが、山葉はそれを見事に直してしまう。その修理中に、オルガン内部の構造を模写して設計図を描いていた山葉は、それを基にして自分でオルガンの試作品まで作ってしまった。

オルガンの修理によって楽器作りに魅了された山葉は、1897（明治30）年に自らの会社「日本楽器製造株式会社」を設立し、今度は国産のピアノ作りに乗り出した。しかし当時、ピアノの材料で国内で手に入るものは外側の木工部分だけで、内部の材料や部品などの多くは輸入に頼っていた。山葉は、技術の勉強と部品の買い付けのためにアメリカにも渡った。ピアノにとって最も大切なのは、鍵盤を押すとハンマーが弦を打つ「アクション」と呼ばれる仕組みだった。打つ強さと弦の種類によって、ピアノからは多彩な音が生まれる。山葉はオルガン作りで学んだ内部構造、そして苦労して得た調律の経験、この二つを合体させながらピアノ作りを進めた。会社を設立して3年目の1900（明治33）年、本格的な国産ピアノ、アップライト型のピアノが完成した。この山葉の会社、日本楽器製造株式会社こそが、現在の「ヤマハ株式会社」である。

山葉は本格的なピアノ生産を視野に入れ、早くから楽器作りに〝分業制〟を採り入れた。彼の下には次々と職人が集まってきていたのだ。その中に、地元の浜松で生まれて、わずか11歳にして山葉に弟子入りしていた少年がいた。この少年は手先が器用なうえ、〝音感〟が優れていたため、山葉は才能を高く評価して、ピアノの命ともいえる「アクション」部分の開発を任せた。少年はその期待に応えて、最初のアップライトピアノ作りに貢献するとともに、その2年後の1902（明治35）年に国産のグランドピアノも作り上げた。少年の名前は河合小市《かわいこいち》。河合少年は後に、山葉の下から独立して会社を立ち上げた。現在の「河合楽器製作所」である。

ヤマハの社章は、楽器の調律に使う「音叉《おんさ》」を3本組み合わせたものである。オルガン、そしてピアノと、山葉が楽器作りに打ち込んだ日々、片時も離さなかったであろう大切な〝相棒〟である。ヤマハは、1965（昭和40）年に、ピアノの生産台数が世界1位になった。今も世界トップクラスを走る。ヤマハと河合楽器にけん引されて、日本は世界最大の「ピアノ」生産国の地位を築いたのだった。

繊細な職人技と開発魂によって、ＹＡＭＡＨＡ、そしてＫＡＷＡＩは世界のトップブランドに成長した。

電化製品

41

ヘアドライヤー

［松下電工株式会社］

1937年

「ヘアドライヤー」を単に髪を乾かす道具から美容の必需品に進化させたニッポンの開発魂

「ヘアドライヤー」が誕生したのは19世紀末のヨーロッパだった。熱を伝えるニクロム線の開発によって、電気を熱として利用することが可能になった。掃除機用のモーターを取り付けて温風を送り、髪を乾かした。当時のものは、〝金属製の帽子を頭にかぶる〟イメージの大型の機器で、美容院では椅子に座って髪に温風を浴びたという。

この海外での動きを受けて、日本でも「松下電工株式会社」（現・パナソニック株式会社）が「ヘアドライヤー」の開発に乗り出した。１９３７（昭和12）年に発売された「ホームドライヤー」は、本体が真ちゅう製で、現在のように手に持つタイプではなく机の上に置いて使用した。4枚のプロペラファンによって風を送るのだが、「温風」と「冷風」の2種類のみ。それをボタンで切り替えて使用した。当時の日本では、「髪の毛は自然に乾かすもの」という習慣だったため、せっかくの国産「ヘアドライヤー」も、ホーム（家庭）で使われることは少なく、主に美容院など業務用として使用された。

戦後の高度成長期を迎え、日本では家庭で風呂に入る内風呂が多くなった。同時に頭を洗う、いわゆる〝シャンプーをする〟という習慣も広がっていった。このため、洗った髪を自然乾燥ではなく、「乾かす」ことを求める人が増えた。そこで「ヘアドライヤー」の出番がやってきた。松下電工は、1962（昭和37）年に、ピストル型のヘアドライヤーを発売した。この形は日本独自の開発だった。ヘアドライヤーを片手で持つことができるようになり、もう片方の手で髪を触りながら乾かすことが可能になった。画期的な進化だった。海外でも、同じようなピストル型の製品を作る国が登場した。

「ヘアドライヤー」は、急速に一般家庭にも広がっていく。世の中の動きが加速する中、「髪を乾かす」から「髪を早く乾かす」ことが求められるようになった。パワフルな風で素早く髪を乾かすことができる1300ワットの「ターボドライ」が人気となる。しかし、熱風を髪に当てすぎると髪が傷むのではないかという声が出始めた。そこから「髪にやさしい風」「静かな風」を求めて、ニッポンの開発魂が躍動する。

開発チームが研究を続ける中、美容科学研究室のメンバーが「肌に効果があるならば、髪の毛にもいいのでは？」と、肌用のスチーマーを髪に当ててみた。すると、髪の毛はしっとりとして、ツヤツヤになった。そこで、ヘアドライヤーにスチーマーの機能を組み合わせることになった。２００１（平成13）年、温風とともにマイナスイオンが出るドライヤー「イオニティ」が発売された。

開発チームはマイナスイオンに続き、室内の空気清浄機で脱臭などに使われている「ナノイー」に着目した。ここで総合電機メーカーとしてのフィールドの幅広さが発揮されることになる。ナノイーの水分量は、マイナスイオンの１０００倍以上、さらに保湿時間も格段に長かった。ナノイーを活用した「ナノケア」が、２００５（平成17）年に発売された。最初は、ナノイーを発生させるための水タンクが付いていて補給などに手間がかかったが、空気中の水蒸気をそのまま取り込むことができる新製品が、わずか1年後に登場した。

「髪を乾かす」というヘアドライヤーの役割は「髪を乾かすと同時に髪を守る、健やかにする」という新たな方向へ向かった。髪の傷みの原因の一つに紫外線が挙げられる。そのダメージによるケアをどうするか。キューティクルを剥《は》がれにくくすることが紫外線ケアに効果があることが分かり、同時に地肌を整えることも可能になる。白金を加工した特殊な電極から、強いマイナスイオンを発生させる装置を開発し、２００９（平成21）年には、紫外線のケアをサポートするヘアドライヤーが発売された。

ヨーロッパで生まれ、単に「髪を乾かす」道具だった「ヘアドライヤー」は、日本の開発技術によって、「髪を早く乾かす」から「髪を守る」、さらに「美しい髪を保つ」、そして「髪だけでなく地肌も守る」という、目覚ましい進化を遂げた。今や美容家電の代表格にまで成長した。そして、「快適に髪を乾かす」という、さらなる高みに挑み続けている。

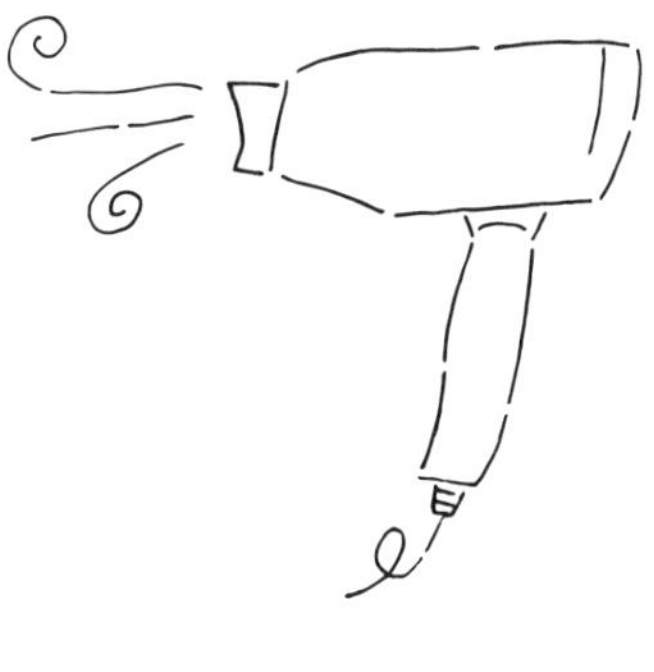

暮らし

42

ヘルメット

［谷澤営業所］

1934年

作業用から防災用へ、大切な頭を守る「ヘルメット」日本での創意・工夫があふれる開発史

関東大震災から100年が経ち、あらためて防災についての大切さをかみしめる。もしもの時に大切な頭部を守るのが「ヘルメット」であり、職場や家庭など、多くの場所に常備されるようになった。そんな「ヘルメット」の日本での歩みを辿る。

「ヘルメット」はもともと、戦闘に使われる兜《かぶと》だった。古代ギリシアや古代ローマの時代、兵士の頭部を守るために、青銅や皮によって〝頑丈な帽子〟が作られた。その後、〝頭を保護する〟という役割は戦場だけでなく、暮らしの中でも生かされるようになった。一説では、ギリシア神話の「ヘルメス」が頭にかぶっていたことから、「ヘルメット」と呼ばれるようになったと

いう。アメリカなどでは作業現場でも使用されるようになった。

日本で、この「ヘルメット」に注目した人物がいた。1894(明治27)年に、神奈川県横浜市で生まれた谷澤末次郎《たにざわすえじろう》である。仕事で出入りしていた鉱山で、作業員が頭にかぶっていた作業帽に出合う。それは帆布製の帽子だった。当時、日本各地の炭鉱では落盤事故が相次いでいた。作業員の命を守るために頭を保護することが大切だと、谷澤は自らの手で「ヘルメット」を作ることを決意した。

当時、日本で作られていたヘルメットは、鍋と同じアルミニウム製で表面が凹みやすかった。そこで谷澤が材料として目を付けたのが、植物由来の繊維を重ね合わせて薬で固めた「バルカナイズドファイバー」だった。それをプレスしてヘルメットの形にして、防水のために漆を塗った。内側には綿《めん》で作ったテープを縫い付けて、外部からの衝撃を吸収するクッションの役目を持たせた。谷澤は、1932(昭和7)年、東京に「谷澤営業所」を設立。2年後の1934(昭和9)年に、最初の商品となるファイバー製ヘルメット「プロテクトー」の実用新案を取得し、発売した。

谷澤営業所のヘルメットは、次第に国内各地の鉱山で使われるようになり、戦後は製鉄所や工場、さらに建設現場へと広がっていった。現場での普及とともに「使いやすさ」も求められるようになり、開発も本格化していった。

作業現場では何よりも「軽い」ことが求められた。しかし、軽くするために薄くすると強度が落ちてしまう。様々な素材を試した結果、戦後主流となった母材のポリエステル樹脂に代わる「ビニルエステル樹脂」に辿り着く。強度は高く、衝撃の吸収力も問題なかった。それを使って1987（昭和62）年に「かるメット」を発売した。従来のものよりも40グラム軽量化し、当時の国内最軽量となった。

作業中に脱げないような工夫も施した。口元で固定する「あご紐」に加え、かぶる人の頭のサイズに合わせて、ヘルメットの内側にある「ヘッドバンド」の形も改良を重ねた。また、ヘルメットの内側には発泡スチロールが取り付けられていたが、長い間かぶっていると蒸れてしまう。そこで発泡スチロールに替えて六角形のブロック状の衝撃吸収ライナーを採用した。隙間が広がり、ヘルメットの内部により空気が通るようになった。

作業現場で使用されるヘルメットの前部には、落下物から頭を守るための「ひさし」が付いている。しかし、現場作業で上を見上げた際に、視界を遮ったり、狭くする恐れがあった。そこでひさしを透明にした。1994（平成6）年に「透明なひさし」を一体成形したヘルメットを開発した。些細なアイデアではあるが、作業する人たちにとっては大いなる進歩だった。日本製「ヘルメット」の細やかさの象徴ともいえよう。

〝作業用〟として歩み出したヘルメットだが、今や〝防災用〟としての役割もある。地震などの災害の時には、最も大切な頭部を守ってくれる。いつも身の周りに置いておきたいが、使わない時はかさばってしまいがちだ。そこで誕生したのが、折りたたむことができるヘルメット。2016（平成28）年には、ヘルメットの上半分を回転させると、高さがほぼ半分の8センチになるヘルメット「Ｃｒｕｂｏ」が誕生した。机の引き出しにも簡単に収納できるようになり、常備品として、「ヘルメット」がますます身近な存在となった。

暮らし

43 魔法びん

［市川兄弟商会］

1923年

驚き！実験用フラスコから始まった「魔法びん」日本での飛躍的な進化の歩み

熱湯を入れておいて、お茶を入れる際にボタンを押すと熱いままの湯が出てくる。「魔法びん」とは何という便利なものなのだろうか。キッチンに、食卓に、そして、持ち運べる携帯用水筒に、大いなる進化を遂げた〝魔法のガラス瓶〟の歴史には、ニッポンのメーカーによるアイデアと開発努力の日々があった。

1892（明治25）年、イギリスの化学者ジェームズ・デュワーが、ガラス製の実験用フラスコを作った。ガラスは二重構造になっており、内部は真空になっていて〝熱を通さない〟という断熱効果があった。やがて、その容器は、ギリシア語で〝熱〟を意味する「テルモス

（THERMOS）」と名付けられて、冷たい水や熱湯を長い間保存するために使われ始めた。日本には、1907（明治40）年に輸入されて当初は「寒暖瓶」と呼ばれた。温度を保つことができる不思議な魅力から、まもなく「魔法びん」と名付けられ、国内でも製造が始まった。

そんな「魔法びん」に注目した兄弟がいた。愛知県中島郡朝日村（現在の一宮市）出身の市川銀三郎と金三郎である。二人は〝ガラス発祥の地〟大阪に出て、1918（大正7）年に、「市川兄弟《けいてい》商会」という瓶の製造会社を創業した。市川兄弟は、ガラスの瓶を製造していた経験を生かし、魔法びん作りを始めることになった。その頃の瓶作りはすべて〝手吹き作業〟だった。溶かしたガラスの生地を棒の先につけて、息を吹き込みながら、瓶の形にしていった。そんな努力を続けながら、1923（大正12）年に、自分たちの「魔法びん」を作り上げた。

当時の日本では、魔法びんを使う習慣があまりなかったため、商品は主に海外向けだった。特に、暑い気候のために生水は飲まず、一度熱してから保存する東南アジアの国々では、魔法びんは生活に欠かせない品だった。海外で自分たちの商品を販売するため、二人はわかりやすいブランド名を考えた。市川兄弟商会が選んだのは「象」のマークだった。象は家族愛が強い動物で、東南アジアでも親しまれていた。魔法びんは「象印」とともに輸出された。市川兄弟商会、現在の会社名「象印マホービン株式会社」は、まさに象のように〝力強く〟歩み出した。

魔法びんの最も適した使用法は、テーブルの上に置いて、いつでも気軽に使えることだと考え、卓上用の魔法びんを作ることになった。1948（昭和23）年、注ぎ口が鳥のくちばしに似た卓上用の魔法びんが完成した。その形から「ポットペリカン」と名付けられた。さらにフタの中央部を押すだけで簡単に注ぐことができる〝エア式〟という仕組みを開発した。1973（昭和48）年発売の新商品、そのキャッチコピーは「押すだけ」。「魔法びん」は食卓の必需品となっていった。

1981（昭和56）年には、画期的な「魔法びん」を開発した。それまでのガラスに代わって、ステンレスを採用したのだ。ガラス製だと二重構造になったびんを、さらにケースに入れて割れないように衝撃から守る必要があるが、ステンレスという金属になったことでケースに入れる必要がなくなり、「割れる」という、ガラス製の魔法びんの弱点を克服。ステンレス製になった魔法びんは、一気に小型化されて、軽くなった。

割れないステンレス製の登場によって、「魔法びん」は食卓から飛び出した。持ち運びが便利な携帯用へと開発が進んだ。職場にも、学校にも、レジャーにも、冷たい水や熱湯を気軽に持ち運べるようになった。いわゆる「水筒」としての新たな歩みである。また、電気によって湯を沸かし、そのまま保温できるポットへも進化していった。海外へ輸出される日本製品の中でも、「魔法びん」は圧倒的な人気を誇っている。

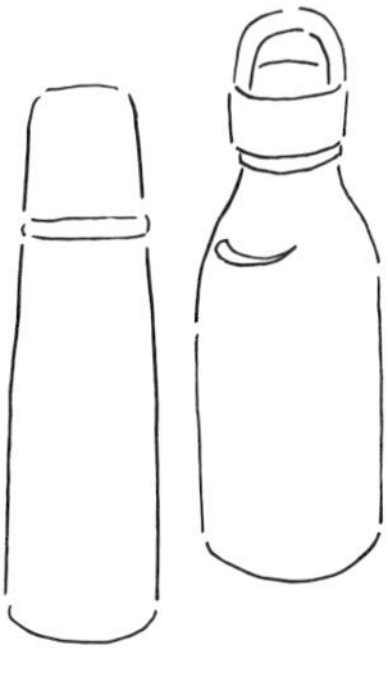

食品・料理

44

マヨネーズ

［食品工業株式会社］

1925年

この味を日本の人たちに！ 夢を食卓に届けたマヨネーズの誕生秘話

舞台はスペインの東、地中海のメノルカ島。18世紀半ばにこの島をフランス軍が攻めた。その時に指揮を執った公爵は、島の港町のレストランで肉料理にかかっていたあるソースに出合った。こってりとして酸味があってとても美味しい。公爵はパリに帰ってから、島の港町で食べたソースを母国の人たちに紹介した。港町の名前はマオン。マオンのソース、マオンネーズ、そこから、このソースは「マヨネーズ」と呼ばれ、それはやがて海を越えて、アメリカにも伝わっていった。

時は流れて、もう一つの出合いがあった。1883（明治16）年に愛知県幡豆《はず》郡（現在の西尾市）で生まれた中島《なかしま》董一郎《とういちろう》。缶詰会社で働いていた中島は、29歳の時に缶詰の研究のためにイギリス・アメリカへ渡る。そこでジャガイモとタマネギ、ゆで卵にマヨネーズをかけた料理、ポテトサラダと出合い「マヨネーズ」という調味料を知る。「アメリカ人の体格がいいのは、このように美味しくて栄養価の高いものを食べているからなのか」と感激した中島は、夢を膨らませて帰国した。

「日本の人たちにも、このソースを食べてもらいたい」

中島は、１９１９（大正８）年創業のソース類や缶詰の製造会社「食品工業株式会社」で取締役の一人となり、マヨネーズ作りに着手する。中島はアメリカで味わったものとは異なり、卵黄を多く使用した「卵黄タイプ」にすることで栄養価の高いマヨネーズを開発した。それは日本人の体格向上を願ってのことだった。

こうして中島が心血を注いだ、国産の「マヨネーズ」が完成し、１９２５（大正14）年に商品化された。ネーミングの際には、洋風のイメージがあり親しまれていたキューピー人形をヒントにした。「キューピーちゃんのような人気者になってほしい」という思いを込めて、シンボルマークにするとともに、自らのマヨネーズを「キユーピーマヨネーズ」と名付けた。しかし、当時の日本では、まだマヨネーズという存在自体が知られておらず、瓶に入れて販売されているマヨネーズを整髪料のポマードと間違えて使ってしまう人もいたという。そんなこともあり、1年目に売れたのは、わずか120箱だけだった。だが、中島の苦労はやがて報われることになる。

菜種油と大豆油を独自にブレンドするなど、味の改良は進んだ。さらに、当時の日本には味の決め手となる洋風の酢がなかったため、ドイツから機械を購入して自前の酢も作った。卵黄タイプのコクと旨味は和食にも合い、日本人の味覚にもぴったりだった。1941（昭和16）年には年間の出荷量は、10万箱に増えていた。しかし、太平洋戦争によって油など原料の入手が難しくなると、中島はマヨネーズの生産を中止した。「良い原料がなければ、良いマヨネーズを作ることはできない」。「マヨネーズ」への愛とこだわりだった。現在も、最も大切な原料の一つである植物油は「キユーピースペック」と呼ばれる、独自の厳しい品質基準でしっかりと精製されている。

容器も進化した。ブランド名だった「キユーピー」を社名にして「キユーピー株式会社」とした翌年、1958（昭和33）年には、ポリボトルの容器に入れて発売した。これによって使いやすさが増して、「マヨネーズ」は食卓で人気の調味料として定着した。酸化を防ぐため、ポリボトルのポリエチレンには酸素を遮断する素材を使用した。絞り出し口には「☆型」タイプも登場し、きれいにデコレーションしてかけることができるようになった。350グラムの容量のマヨネーズには、まんべんなく塗ることができる「3つ穴キャップ」も導入するなど、使いやすさも向上した。小袋に入った少量のスティックタイプも発売されて、学校や職場へのお弁当やハイキングなどでも、気軽に使われるようになった。そして近年ではカロリーオフ、血圧が高い人向けのアマニ油マヨネーズ、さらに、ゆで卵にぴったりの燻製マヨネーズなど、味の進化も続いている。

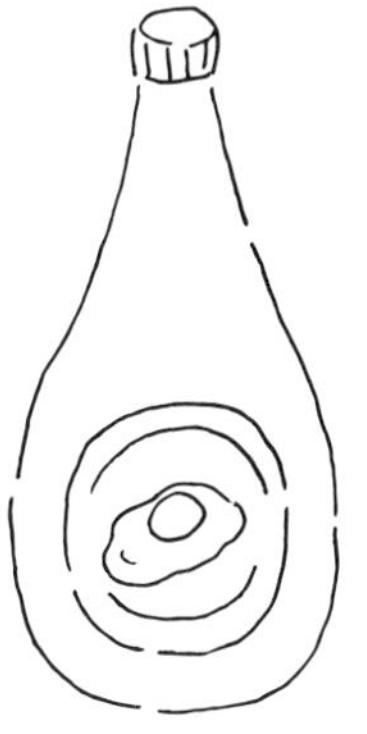

文具

45

万年筆

[並木良輔]

1916年

国産「万年筆」誕生に賭けた大いなる夢
そのペン先に生き続ける心意気とは？

かつて中学校の入学祝いに「万年筆」をもらった。それを使って日記を書き始めた。あれから半世紀以上の歳月が流れた。万年筆は何本も替えてきたが、日記を綴る習慣は続いている。「文字を書く」ための特別なペン、自分だけの万年筆を持った喜びが、今なお自分の中で生き続けているのかもしれない。そんな国産「万年筆」作りの歴史を訪ねる。

「万年筆」のルーツは、紀元前2400年頃の古代エジプト文明といわれている。植物の葦《あし》の先を割り、煤《すす》から作ったインクに浸して象形文字などを書いた。ペンの内部にインクを溜めるという今日のようなスタイルの「万年筆」は、19世紀末にアメリカで生まれた。ペン先に細い溝が入っていて、その溝をつたったインクで文字を書くというペン。発明者の名前がブランド名になった。世界の有名万年筆ブランド「ウォーターマン」である。

そんな「万年筆」に魅せられた人物が日本にいた。1880（明治13）年に、埼玉県熊谷市に生まれた並木良輔だ。商船学校に進み船乗りになった。その後母校で教師となったが、製図を描く際に使用していたペンは、ペン先がすぐに擦り減り、いちいちインクをつけなければならないものだった。そんな時、インクが自然にペン先につたってくる「万年筆」というものが、アメリカで発明されたことを知った。並木は決意した。

「日本でも万年筆を作ろう！」

が、万年筆にとって重要なペン先など、部材のほとんどが海外からの輸入に頼っていた。これでは日本製とはいえない。そんな時、並木は、かつて船に乗っていた頃に日常的に目にしていた「羅針盤」を思い出す。その針先に使われていた金属は潮風にさらされても錆びることはなく、船の進む方向を常に指し示していた。「羅針盤の針を応用してペン先を作ろう」。その原料は「イリジウム」という硬い金属だった。並木は全国各地を調査した結果、北海道に天然のイリドスミンの鉱脈を見つける。それを溶解、成形して、ついにイリジウム合金の加工に成功。1916（大正5）年に、14金のペン先を持つ純国産の「万年筆」が誕生した。並木はその2

年後、東京の自宅で「株式会社並木製作所」を創業して、万年筆作りに打ち込んでいく。

しかし、当時の日本では筆を使った毛筆が一般的であったため、硬いペン先には違和感を持つ人も多かった。また、漢字は画数が多いので、細い線が書けることも重要だった。それを受け、並木によるペン先の改良は続く。ペン先にある「ペンポイント」と呼ばれる、直径わずか1ミリにも満たない球状の部品。それが微妙に離れたりくっついたり、その加減によってインクの出方を調整した。紙の上をペン先が滑る〝書き味〟にもこだわった。さらに、海外の万年筆はインクが出過ぎることもあったため、インクタンクも独自に改良した。

輸入した万年筆の本体部分にはゴムと硫黄の化合物が使われていたが、時間が経つと色も落ち、劣化した。このため、表面を日本伝統の漆《うるし》で塗装した。漆器と同じで、漆を施した万年筆は、時間とともに手にしっかりと馴染んでいく。さらに、人間国宝の作家に頼んで、ボディー部分に花鳥風月の「蒔絵」を入れた。それは高級な筆記具となり、工芸品としても認められて、海外でも高い評価を得た。「日本製万年筆」が、ついに世界を席巻したのだ。

ペン先からボディーまで、万年筆のすべてを自らの会社で一貫製造することに成功した並木は、そのブランドに「PILOT（パイロット）」という名前を付けた。万年筆にとっての〝命〟ともいえるペン先は、船の羅針盤からヒントを得て創り出した。並木は、海で生きてきた若き日々を、決して忘れていなかった。「パイロット」その意味は「水先案内人」。万年筆を作ることで、日本を、そして世の中をより良い方向に導く。まさに「羅針盤」でありたいという気概と決意を、社名に込めたのだった。

並木の会社、現在の「パイロットコーポレーション」の代表的な万年筆「カスタム」シリーズは、金、銀、銅などを独自に配合し、ペン先の〝しなり〟にこだわっている。16種類から選ぶことができる多彩なペン先。並木の心意気は、今も国産万年筆の中で生き続けている。

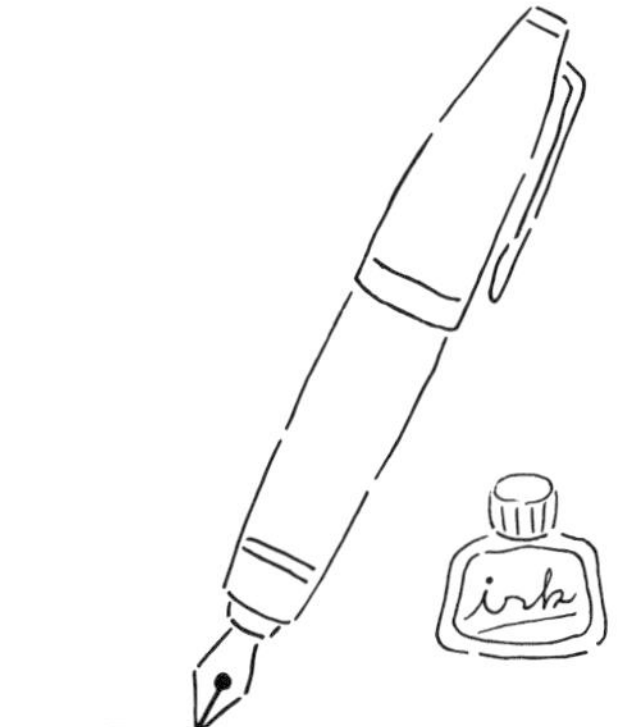

食品・料理

46

ミルクチョコレート

［森永製菓株式会社］

1918年

国産のミルクチョコレート作りにかけた大いなる夢！
その誕生の歴史をひもとく

チョコレートはカカオ豆から作られる。もともとは古代メキシコの先住民族が、カカオ豆を粉末にして溶かし、唐辛子などのスパイスを加えて滋養強壮の薬として飲んでいたと伝えられる。16世紀初頭に探検家のクリストファー・コロンブスが、カカオ豆をスペインに持ち帰った。砂糖などを加えて固めることによって、ヨーロッパで「チョコレート」という菓子が生まれた。日本には、江戸時代、長崎の出島に、オランダ人によって持ち込まれた。だが、〝珍しい食べ物〟として扱われ、ほとんど食べられることはなかったという。

1899（明治32）年、一人の男性がアメリカから帰国した。森永太一郎《もりながたいちろう》である。11年間にわたって、西洋菓子を学んできた。

「西洋のお菓子を日本に広めることができるのは自分しかいない」

森永は、東京の溜池に「森永西洋菓子製造所」を創業した。わずか2坪の工場には、手作りのコークス釜やアメリカから持ち帰った菓子作りの機械が、ところ狭しと並べられていた。当時の日本では、西洋菓子の製造法を習得している日本人はほとんどいなかった。森永は、マシュマロ、キャラメル、キャンディー、そしてチョコレートクリームなどを作り始めたが、「西洋菓子」というだけで敬遠され、思ったように売れなかった。

そんな頃、1903（明治36）年に大阪で産業博覧会が開催された。初参加の森永が出品したチョコレートクリームは高く評価されて3位に入賞した。森永は、アメリカやヨーロッパで人気の菓子・チョコレート作りに、本格的に乗り出すことにした。当時の日本でも、洋酒を入れたボンボンチョコレートが作られていたが、庶民には手が出ない高級品だった。森永が取り組んだのは「板チョコ」だった。

板チョコはスイスの職人が開発した、とても食べやすいチョコレートだった。輸入したビターチョコレートを加工して作り始めたが、価格を抑えてより手軽に購入してもらおうと、大量生産することを考えた。原料のカカオ豆からチョコレートを一カ所で作る〝一貫製造〟のための工場を、巨額の投資を得て作ったのだった。現在では「Ｂｅａｎ ｔｏ Ｂａｒ（ビーントゥバー）」と呼ばれ、アメリカのクラフトチョコでは主流となっている〝一貫製造〟を、森永は大正時代の日本でスタートしたのだった。

それでも「チョコレートは苦くて食べられない。これはお菓子ではない」など、厳しい声もあったため、苦味を抑えた「ミルクチョコレート」を製造した。19世紀末のスイスでは粉ミルクを入れる製法が開発されていたが、森永もチョコレートにミルクを使用した。１９１８（大正7）年、板チョコの「森永ミルクチョコレート」が誕生した。日本での本格的なチョコレートの大量生産が始まった瞬間だった。

チョコレートは庶民の味となった。「栄養のある美味しいお菓子、大人も子どもも、安全で安心して食べることができるチョコレートを作りたい」という森永の願いが受け継がれ、「チョコボール」「小枝」「ベイク」など、次々と親しみやすい人気商品が発売された。森永の会社は、１９１２（大正元）年に「森永製菓株式会社」となってから現在まで、さまざまなお菓子を作り続けている。

その後の日本のチョコレート史には、「不二家」「明治」「ロッテ」など次々と菓子メーカーが加わっていった。また、２０００年代にかけては、「ゴディバ」「ピエールマルコリーニ」など海外の有名メーカーが日本に上陸。オリジナルのチョコレート開発に乗り出すなど、日本は世界のショコラティエたちが競う、甘くて華麗なステージへと成長した。

森永が、創業から6年後に定めた会社のシンボルであるエンゼルマークは、マシュマロがアメリカで「エンゼルフード（天使の糧）」と呼ばれていたことに由来する。「子どもたちに夢を」という創業時に抱いた森永の願いは、数多くのチョコレートとともに今日もしっかりと息付いている。

暮らし

47

洋式トイレ

［日本陶器合名会社］

1914年

「洋式トイレ」はこうして暮らしに定着した！世界に誇るニッポン開発魂の歩み

今や当たり前のように生活の中にある「洋式トイレ」の便座は、明治時代にイギリスから持ち込まれた。しかし、当初はこの〝腰掛け式〟便器を使用する日本人はほとんどいなかった。ゼロからスタートした「洋式トイレ」の日本での発展史を見ていこう。

日本の便器は伝統的に「和式」と呼ばれる〝しゃがみ込んで使う〟スタイルだった。そんな中、「洋式」と呼ばれる便器作りに取り組んだ人物がいた。大倉和親《かずちか》、東京生まれの実業家で、愛知県愛知郡、現在の名古屋市内に「日本陶器合名会社」（現・株式会社ノリタケカンパニーリミテド）を設立した。同社では陶磁器作りを進めていたが、父親の孫兵衛と視察に訪れたヨーロッパで真っ白な便器に出合う。帰国した大倉は、会社の工場内に新たな製品を開発する「製陶研究所」を作り、「洋式トイレ」の開発に取りかかった。そして1914（大正3）年、国産初の洋式トイレ「陶製腰掛式水洗便器」が誕生した。大倉は、後に「東洋陶器株式会社」（現・TOTO株式会社）の初代社長になる。

この「洋式トイレ」は、当初なかなか普及しなかった。当時は便器や便座といった「衛生陶器」そのものが新しく、一般の人々にとっては未知の商品であったことに加え、下水道もまだ整備されていなかったためだ。

そんな中、「洋式トイレ」に転機が訪れた。1964（昭和39）年に東京オリンピックが開催された後、高度成長期の日本では、大都市圏を中心に次々と公団住宅が建設された。その公団住宅のトイレで標準型に選ばれたのが「洋式トイレ」だった。「洋式トイレ」は次第に日本人の生活に受け入れられていく。

「洋式トイレ」にとっての大きな変革は〝お尻を洗う〟便座の開発である。東洋陶器などは、アメリカから「ウォッシュエアシート」と呼ばれた温水洗浄便座を輸入して販売をスタート。最初は主に、痔に悩む人などの医療用として使われていた。「良品の供給」を企業理念に掲げていた大倉は、これも国産の開発を目指すことにする。輸入販売から3年後の1967（昭和

42）年には「伊奈製陶」（現・株式会社ＬＩＸＩＬ）、続いて東洋陶器から社名を変えた「東陶機器」（現・ＴＯＴＯ株式会社）が、日本製の温水洗浄便座を発売した。ＬＩＸＩＬは「シャワートイレ」、ＴＯＴＯは「ウォシュレット」を登録商標にしている。

ＴＯＴＯの商品開発史には、開発への苦労が克明に綴られている。

課題は多かった。洗浄水が出る角度をどうするか？　肛門の位置は微妙に個人差があるので社員３００人にモニターとして試作品を使用してもらい、平均値を探った。さらに、温水の温度、便座の温度、水が噴き出す角度、洗浄後に乾燥させる温風の温度など、一つ一つの課題を細やかに解決していった。ＴＯＴＯ「ウォシュレット」は１９８２（昭和57）年のテレビコマーシャルで一気に広まっていく。その年の流行語にもなった「おしりだって、洗ってほしい。」がそれ。このインパクトのある言葉とともに、温水洗浄便座は「洋式トイレ」に新たな歴史のページを加えたのだった。温水洗浄便座は今も進化を続けていて、タンクレスが登場し、節水面でも格段の進歩を遂げるなど、海外でも高い評価を得ている。

「洋式」と呼ばれていた便器を、押しも押されもしない「日本式」に成長させたニッポン。まさに〝トイレ先進国〟という称号に相応《ふさわ》しい開発力を世界に見せつけている。

第三章

モノづくりへの熱い思い。

ニッポンが進化させた品々の物語

［戦後編］

戦後復興、高度経済成長など、
時代の流れに乗って
日本のモノづくりが
世界的に認められていく。
そんな時代のストーリー全23編

楽器

48

エレキギター

［富士弦楽器製造株式会社］

1962年

世界が求める日本製「エレキギター」
実は信州生まれ、その歴史と魅力を探る

グループサウンズが好きだった。当時まだ小学生だったが、ザ・タイガース、ザ・スパイダース、ザ・テンプターズ、ブルー・コメッツ、そしてオックスと、今でも次々と名前が浮かぶ。そんな時、耳には「エレキギター」の音がよみがえってくる。全身に響いてくるビート。アメリカ生まれの「エレキギター」だが、日本で大きな進化を遂げた。そして、その成長の舞台は風光明媚な信州の松本だった。

エレクトリックギター、通称「エレキギター」は、弦の振動を電気信号に変換してスピーカから出す楽器である。1930年代に、アメリカのジャズギタリストが、バンドの中でギターソロを弾く時に使ったことが最初だと伝えられている。長野県松本市、山々に囲まれて、江

戸時代から木を使って家具を作る木工産業が盛んな土地だった。さらに1年を通して湿度が低く、日本国内でも有数の乾燥した気候で知られる。木材を乾かすことには適しているため、多くの家具メーカーがあり、やがてその技術を生かしてバイオリンなどの楽器の製造も始まっていた。そんな松本市に、１９６０（昭和35）年、「富士弦楽器製造株式会社」は創業した。「富士山のように日本一になろう」そんな夢を抱いての命名だった。

もともとはバイオリンの製造から始めたが、翌年にはクラシックギター作りへ。そんな時に、市場を調査してみると、欧米では「エレキギター」が人気を集めていた。そこで富士弦楽器製造は方針を転換し、１９６２（昭和37）年に「エレキギター」の製造を始めた。最初は手探りだった。地元にギター作りの専門家がいるわけでもなく、本場のアメリカから取り寄せた写真や、実際にアメリカに出かけてスケッチしてきたものを参考にした。そんな中、１９６５（昭和40）年には、ザ・ベンチャーズが、そして翌年にはビートルズが来日し、「エレキギター」は一気に注目された。日本でもグループサウンズが一世を風靡し、「エレキギター」は時代の最先端を走る楽器となった。

ギター作りで最も重要なのは「木材」だった。エレキギターは、弦の振動を電子音に換える仕組みなのだが、その音色は素材である「木」にかかっていた。弦を張って、手で握る「ネック」部分は、木が微妙に反ったり曲がったりするだけで、弦の弾き方に大きく影響した。また、本体の「ボディー」は、木の状態によって弦の響きに呼応してはね返ってくる音の質がまったく違った。スタッフたちは山林に足を運び、原木を選び、色合いや質感、さらに音響効果に優れた木を選び抜いて集めた。

さらに大切なのは、切り出した木の取り扱いだった。木は乾燥の仕方によって、反ったりねじれたり、割れたりした。それをいかにコントロールするか。「木は切った後も生きている」これが、ギター作りにおいての合い言葉だった。ここで、この土地で長年培われてきた家具作りの技が生きる。それは、木を乾燥させる方法だった。自然乾燥で木材に含まれる水分を20〜30％台まで落とし、続いて乾燥炉で1カ月ほど乾燥させて4〜5％にまで落とす。そして再び水分量を戻す。減湿と加湿の繰り返しによって木は自然環境になじみ、歪みなどがなくなった。信州の気候だからこそ、こうした細やかな品質管理と製造が実現した。

「エレキギター」は木材を使うため、その音質が環境に左右されるデリケートな製品だったが、富士弦楽器製造の「エレキギター」は、世界各国の様々な気候に対応でき、その安定性は抜群だった。１９８９（平成元）年に、会社名を「フジゲン株式会社」に変えた。現在は、１カ月あたり３０００〜３５００本のエレキギターを製造している。国内はもちろん、海外30カ国以上に輸出しているが、エレキギターといえば、誰もが思い浮かべる海外のトップメーカーのエレキギターも、実はその多くが「フジゲン」が製造したもの。信州で製造されたものに、それぞれのブランド名を付けて販売しているのである。世界のミュージシャンたちの演奏を支えているのは、日本製の「エレキギター」なのだ。

楽器

49

オルゴール

［有限会社
三協精機製作所］

1948年

オルゴールはじめて物語
～その音色は諏訪湖畔から世界へと奏でられる

初めて手元に持った「オルゴール」は、小さなねじ巻き式のものだった。箱のふたを開けると流れるメロディーは『エリーゼのために』。ベートーベンの曲に親しんでいくきっかけにもなったオルゴール、今も机の奥に大切にしまってある。オルゴールは奏でる曲によって、多くの人に郷愁と癒《いや》しを運んでくれる。

「オルゴール」の起源は、14世紀ごろに中世ヨーロッパで開発されたカリヨンだといわれている。音が違う複数の鐘の音でメロディーを奏でて、街中に時間を知らせていた。当時は時計の役割を果たしていたのだ。その〝自動演奏の装置〟だけを時計から切り離したのは、スイスのジュネーブにいた時計職人のアントワーヌ・ファーブルである。懐中時計の中に薄い鋼鉄の板を並べて音楽が出る細工をしていたが、その部分だけを独立させた。18世紀末、世界初となる「オルゴール」の誕生だった。

太平洋戦争が終わった翌年、1946(昭和21)年に長野県の諏訪で創業した「三協精機製作所」。時計の部品などを製造するこの精密機械メーカーに、GHQから商工省を通して「日本でオルゴールを作りませんか?」との打診があった。身近に置いて気軽にいつでも音楽を聴くことができるオルゴールは、戦争で傷ついた人々の心に潤いを与える効果も期待された。湖畔にある諏訪の町は空気が澄んでいて水もきれい、その気候から「東洋のスイス」と呼ばれていた。スイスで生まれたオルゴールを日本で製造するのには最適な環境だった。

ここで当時の主流だったシリンダーのオルゴールの構造について説明する。「ドラム」と「振動板」の二つの部品で成り立っていて、丸い円筒型のドラムが回転すると、表面にあるピンが振動板を弾く。それによって、ピアノでいえば弦にあたる振動板の櫛《くし》状の歯から音が流れる。ドラムは100本を超すピンによる「楽譜を記憶する部品」であり、振動板は「メロディーを奏でる部品」といえようか。製造マニュアルがなかった時代、三協精機の開発チームは、スイスから取り寄せたオルゴールを分解して、その構造を研究した。ドラムにはピンを一つ一つ手作業で付け、振動板の櫛歯も丁寧に手で磨いていった。それはまさに、ミリ単位以下の繊細な作業だった。

およそ1年の歳月をかけて、1948（昭和23）年に試作品が完成、国産オルゴールの第1号だった。記念すべき最初の曲は、童謡の『ちょうちょ』。試作品は6台できたが4台は振動板の櫛歯が折れてしまい、音が出たのはたったの2台だけ。しかも、ゼンマイが引っかかるなどして、「それはバケツの底を叩くような音だった」と記録されている。音質を改善するために、振動板をより適した材質に替えるなどの改良を加えた。そして、その年の暮れ、三協精機は国産オルゴール500台を出荷したのだった。

全自動の生産ラインなどなかった時代だけに、オルゴール作りはすべて手作業だった。数千人もの地元の人たちが工場で作業に関わった。まさに〝諏訪の町ぐるみ〟での生産だった。そしてニッポンの製造技術はこうした精密機械を作る細やかな作業に力を発揮していった。やがて、当初は手作業だったオルゴール製造も機械化が進み、ドラムに1本1本手で植え付けていたピンも、プレス機によって全体を同時に製造できるようになった。オルゴールは誕生日や記念日の贈り物として人気が高まっていく。1970年代に入ると、その製造技術は世界でもトップクラスになり、生産数は本家のスイスを抜いて年間1億台を突破した。三協精機の「オルゴール」は、世界シェアの実に90％を占めるまでになった。

三協精機は、「日本電産サンキョー株式会社」を経て、２０２３（令和５）年４月から「ニデックインスツルメンツ株式会社」と社名を変更した。諏訪湖畔には「すわのね」と名付けた同社直営のオルゴール記念館があり、世界各国の貴重なオルゴールを展示するほか、７００曲の中から自分の好きなメロディーを選んで〝自分だけのオルゴール〟を製造し、購入することができる。２０２２（令和４）年11月には、世界的な工業デザイナーである奥山清行と組んで、斬新な透明アクリルチューブ型のオルゴールを発表した。専用の共鳴台の上に置くことで音の深みや響きも増幅され、ＳＤカードに記録された１５０曲ものメロディーがフルコーラスで奏でられる。

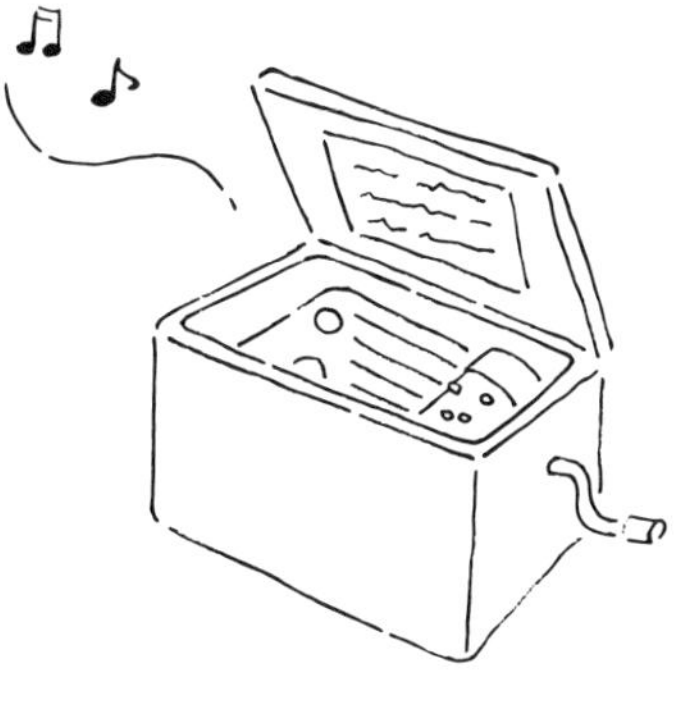

食品・料理

50

キットカット

［ネスレ日本株式会社］

1989年

その数なんと450種類！
日本製「キットカット」の魅力たっぷりの誕生と歩み

受験シーズンになると、赤いパッケージが目に浮かぶ。「キット、サクラサクよ。」書かれたエールに多くの受験生が励まされたことだろう。「キットカット」、このイギリス生まれのチョコレート菓子は、日本で飛躍的な成長を遂げた。

「キットカット」は、1935（昭和10）年にイギリスで生まれた。工場で働く人たちが休憩時間に手軽に食べられるようにと、ロントリー社がウエハースをチョコレートで包み込んだ菓子を作った。最初の商品名は「チュコレートクリスプ」だったが、2年後に「キットカット」と名乗るようになる。日本には1973（昭和48）年にやって来た。菓子メーカーの不二家が輸入品として発売したのが最初だった。1988（昭和63）年にスイスにあるネスレ社がロントリー社を吸収合併したことから「キットカット」はネスレの商品となった。

翌1989（平成元）年から、「ネスレ日本株式会社」が国産「キットカット」の製造をスタート。輸入した商品は甘さが濃厚だったため、日本人の味覚に合うようにそれを抑える工夫から始めた。最初の大きな節目は2000（平成12）年、従来のチョコ味だけでなく、日本人が好むフレーバー（風味）を加えることにした。第1号に選ばれた味は「ストロベリー（イチゴ）」。市場規模が程よい北海道で反応を見たところ好評だったため、全国一斉に発売となった。「キットカット」を置くコンビニエンスストアが2カ月ごとに棚の商品を入れ替えるため、そのペースに合わせて期間限定の「キットカット」も開発した。ストロベリーから始まった味は、ぶどう、マンゴー、スイカ、レモン、ゆず、きなこ……。さらに、味噌、日本酒、唐辛子の一味など続々とユニークな商品が生まれ、その数は450種類にもなった。

日本各地の名産品の味を入れた「ご当地キットカット」も登場した。最初の商品は「夕張メロン」。フレーバーの「ストロベリー」が好評だったため、今回も北海道から販売が始まった。日本を訪れる海外からの観光客も意識しながら、京都の宇治抹茶、静岡のわさび、東海北陸のあずきサンド、そして九州のあまおう苺など、現在は約20種類。広島もみぢ饅頭の味では、しっとりと湿った饅頭を、サクサクとした「キットカット」にどう反映させるか、風味や食感を徹底研究したという。日本を訪れる外国人観光客にもお土産として人気である。

日本人の好みに合うように特別に工夫した「キットカット」も生まれた。海外では4フィンガー（4切れ）のバーの数を、小さなサイズを好む日本人向けに2フィンガーにした。誕生日、バレンタインデー、結婚式など特別な日に贈り物をすることが好きな日本の習慣に合わせて、写真やメッセージを入れた〝オリジナル〟キットカットを作るサービスも始めた。

受験シーズンに人気の「キットカット」。九州の方言で「きっと勝つ」を「きっと勝つとぉ」ということから〝縁起物〟として口コミで広がった。ネスレ日本によると、受験生の5人に1人が試験会場に持参するそうで、「夢は叶う」「キット、サクラサクよ。」などと書かれた商品も登場。さらにパッケージに激励メッセージを書く白い余白が設けられるなど、いかにも日本らしい心遣いもお目見えした。

素材や作り方にこだわった「プレミアム　キットカット」や、ウイスキー樽で熟成させたカカオを使ったビターチョコ味を発売するなど「キットカット」の進化は続く。そこには「チョコレートの既成概念にとらわれない新しい発見と驚き」という、日本での「キットカット」作りのコンセプトが脈々と息付いている。

食品・料理

51

グミ

［明治製菓株式会社］

1980年

「グミ」を愛していますか？
日本で驚異的に進化したドイツ生まれの菓子

コンビニエンスストアの菓子コーナーの主役の一つと言えば「グミ」である。プルプルと弾力性を持った、いわゆる〝キャンディー〟なのだが、店に並んだその豊富な種類や品数に圧倒される。今や〝お菓子界のトップランナー〟といっても、過言ではないだろう。

「グミ」は、1922（大正11）年に、ドイツの菓子メーカーであるハリボー社が発売した。「グミ」は、ドイツ語で「噛《か》む（gummi）」の意味。当時のドイツでは、歯の病気にかかる子どもが多いことが社会問題になっていた。そこで「子どもたちの噛む力を強くしよう」と考え出されたのが「グミ」だった。ゼラチンに甘味を加えて作った。子どもたちに愛されるように、可愛らしい熊の形だった。ハリボー社の「グミ」は、発売から100年経った今でも、日本の店頭に並んでいる。

そんな「グミ」に注目した日本の菓子メーカーがあった。「明治製菓株式会社」（現・株式会社 明治）である。チョコレートやビスケットなど人気菓子を次々と作ってきたが、新たな商品の開発のために、1979（昭和54年）年、開発担当者がヨーロッパへ視察に出かけた。そこで出合ったのが「グミ」だった。「これを日本で〝新しいお菓子〟として開発したら、きっと楽しい商品になる」。こうして明治製菓の「グミ」作りが始まった。

もともと「グミ」は、キャンディーとゼリーの中間のような菓子で、いろいろな形に成形でき、いろいろな味も付けられるという豊かな可能性を持っていた。ドイツの「グミ」は、噛むことを目的としていたため、とにかく硬かった。そこで、日本人の好みに合う「柔らかさ」「弾力性」「食感」「歯切れの良さ」を研究した。多くの人が美味しいと思う「味」も研究した。そして、1980（昭和55）年に、初の国産グミが誕生した。商品名は「コーラアップ」、親しみやすいコーラ味だった。べたつきを防ぐため、最初はオブラートに包まれていた。「コーラアップ」は、発売直後から人気を集めた。

この人気を背景に、明治製菓は、さらなる味を追求した。子どもから大人まで、沢山の人に食べてもらえる菓子にしたい。思い付いたのが、フルーツ味。フルーツの果汁を使用した「グミ」を作ることにした。「コーラアップ」で培った製造方法を生かして、果汁や果肉の「味」「香り」「色」を取り込んだ「グミ」を作り上げる。1988（昭和63）年に発売された果汁グミ「グレープ果汁100」と「オレンジ果汁100」。それぞれ「ぶどう」「みかん」の形がイメージされていて、大ヒット商品になった。味の種類は、いちご、マスカット、桃などと増えていった。誰もが食べやすいフルーツ味を採り入れたことで「果汁グミ」は、グミの主役ともいえる存在になっていく。

他の菓子メーカーも、グミ市場に参入した。刺激味を売り物にしたグミ、つぶつぶ感を生かしたフルーツ味のグミなど続々と新しい商品が登場。国産初のグミを作った明治も、小さな粒で〝ポイポイ〟食べられる「ポイフル」や、「コーラアップ」を進化させた「じはんきコーラアップ」などを発売して、グミ市場をさらに活気づかせる。スイカを切った形のグミ、鮫の形をしたシャークグミ、地球儀の形をしたグミ、そして、宝石のようにカッティングされたグミなど、各メーカーのアイデアもますます増えて、楽しさも演出されていった。2023（令和5）年4月には、伝統ある旅行ガイドブックとコラボした「地球の歩き方グミ インド編」が登場し、話題になった。噛まなくても、口内の温度で溶けるグミも登場するなど、歯を鍛えるためにドイツで生まれた「グミ」は、日本のアイデアと開発技術によって、大きく進化し続けている。

今やコンビニエンスストアの菓子コーナーでは、チョコレートやガムを抑えて、グミが売り場面積の半分近くを占めている店もある。グミの国内市場規模は大きく伸びて、2021（令和3）年には初めて、ガムを抜いた。「グミ」は、まさに〝お菓子界のトップランナー〟に躍り出たのである。

暮らし

52

軍手

［島 正博］

1964年

「軍手」の大量生産を実現した発明人生 〝紀州のエジソン〟母への思いと開発魂

工場や作業現場だけでなく、一般家庭の日曜大工やガーデニングでも活躍する手袋の「軍手」。江戸時代に生まれたと伝えられる、この手袋が〝作業用〟として大量生産されるまでには、「軍手」作りにかけた熱きアイデアの湧出と開発の日々があった。

手袋の歴史は古代ギリシア時代にまでさかのぼる。紀元前では〝手を包む袋〟、主に防寒のために用いられたと伝えられる。そんな手袋は、16世紀の室町時代に鉄砲などとともにヨーロッパから日本にやって来た。江戸時代に入ると、下級武士が内職仕事として手袋を編んだ。丈夫に編まれたこの手袋は、防寒目的とともに、素手で持つと錆びやすい鉄砲を扱う時など、主に戦場で使われるようになった。この「軍用手袋」がやがて「軍手」と呼ばれるようになる。明治維新を迎え、手袋を編める機械が輸入されたが、軍手は、指や手のひらなどのパーツを別々に編み、それを手作業によって縫い合わせなければならない、手間がかかる品物だった。

そんな「軍手」に出合った少年が、紀伊半島にいた。島正博、太平洋戦争を前にした1937（昭和12）年に和歌山県で生まれた。父親は戦地で亡くなり、戦後、島少年は中学校に通いながら、自宅隣の機械工場でアルバイトをし、母親は家での内職として軍手を作って暮らしを支えていた。しかし軍手は別々に編んだパーツをいちいち繋ぎ合わせるため、1日に作ることができる量は限られており、その生産性は低かった。

「この作業を簡単にできないだろうか。そうすればお母さんの負担も少なくなる」

母の苦労を間近で見ていた島はパーツの合体を簡単に行うことができるミシンの開発を始めた。機械いじりは大好きだった。それまで1本だったミシンの針を上下2本に並べる構造にした。それにより、別々に編んだ軍手のパーツを、あっという間に縫い合わせることが可能になった。2本の針を持つ「二重環かがりミシン」の誕生だった。この時、島は16歳の高校生。母を思う心に、アイデアという名の愛情が加わったことで、「軍手」の歴史に大きな一歩が刻まれた。

島の「軍手」への発想はさらに広がっていった。当時の軍手は木綿糸だけで編まれていたため、着脱がスムーズではなかった。機械工場で使用されていたが、作業中に外れにくいよう手首の部分が細く編まれていたため、逆に動いている機械に軍手ごと手が巻き込まれて大ケガをする事故も起きていた。そこで島が思い付いたのが、木綿糸とともにゴム糸を編み込むことだった。ミシンに続いて、今度は新しい「軍手編み機」を発明し、手首の部分にゴム糸を使うことに成功する。これによって軍手は〝伸縮性〟を持った。1955(昭和30)年に島が発明した「ゴム入り安全手袋」は、全国の工場や作業現場に広がっていった。安全で使いやすい新たな軍手の登場によって、「軍手」は〝作業用手袋〟として力強く歩み出したのだった。

島は、24歳だった1961(昭和36)年に自らの会社を設立した。その3年後の1964(昭和39)年は、1本の糸から全自動で「軍手」を編み上げる機械を開発し、軍手は大量生産できる身近な作業用品になった。いつしか島は「紀州のエジソン」と呼ばれるようになった。島の会社は現在の「株式会社島精機製作所」である。

島精機製作所は、軍手など編み機のトップメーカーとして、斬新なアイデアを生み出し続けている。当時は10代の少年だった島がこだわった「軍手」は、今や工場や作業現場だけでなく、大掃除、日曜大工、ガーデニング、そして屋外バーベキューなど、幅広い舞台で活躍している。

暮らし

53

コインランドリー

1953年

これは便利！　コインランドリーの驚異の成長に見る戦後ニッポンの暮らしの歴史

「コインランドリー」はアメリカで生まれた。1934（昭和9）年、テキサス州にコインを入れて使う洗濯機を並べた店が登場した。当時は世界大恐慌の真っ只中、個人で洗濯機を買うことのできない人たちで人気を集めたと伝えられる。それが世界最初の「コインランドリー」といわれている。

日本では、1953（昭和28）年に、当時発行されたばかりの10円コインを使って〝1回10円〟で洗濯機を使用できる店が開店した。場所は東京都品川区だった。テレビ、冷蔵庫、そして洗濯機の電化製品「三種の神器」が一般家庭に普及し始める以前のことで、この有料洗濯機は多くの人に重宝された。この時に置かれていた洗濯機はまだ輸入品だった。
1970年代に入ると、日本でも「コイン式洗濯機」や「コイン式乾燥機」が開発されるようになって、町の公衆浴場にも置かれた。人々は銭湯にやって来るついでに洗濯物を抱えて、入浴時間を利用してコイン式の洗濯機で服などを洗った。これをきっかけに「外で」「お金を出して」「自分で」洗濯をするという、新しい生活習慣が日本の暮らしに入ってきた。やがて、この有料の洗濯機コーナーは独立した店舗になった。これが現在に通じる「コインランドリー」の始まりだった。

最初は都市部が中心だった「コインランドリー」、一人暮らしや下宿の学生など、自前の洗濯機を持っていない若者たちが中心に利用した。その後、ふとんや毛布など大きなものも洗うことができる洗濯機がお目見えすると、それを設置した郊外型の「コインランドリー」が増えていき、大きな駐車場も完備された。スペースの都合上、自宅に洗濯機を置くことができなかったり、アパートやマンションだとモーターの音がうるさく、夜間には洗濯機を使いづらかったりといった当時の住宅事情も追い風となった。

そんな日本で、コインランドリーが飛躍的に成長した背景には、「お風呂文化」に象徴されるきれい好きな国民性とともに、洗濯機自体の技術革新があった。「洗濯乾燥機」の開発である。

1回100円の単位で、家庭にはない強い火力のガスを使った大型乾燥機が使用できる。仕上げまで1時間ほどとさほど時間もかからないうえ、そのフワフワした仕上がりは家庭ではなかなか出すことができない、コインランドリーならではのものだった。人々は自宅に洗濯機がなくて利用するのではなく、コインランドリーを〝選んで〟利用するようになっていった。

さらに、洗濯の待ち時間を楽しんでもらおうと、カフェを併設し、美味しいコーヒーと有名ベーカリーのパンも販売されていたりする。またペットの入浴サービスをする店もあり、洗濯物もペットも、帰る頃にはどちらもすっかりきれいになっている。洗濯が終わる少し前にメールで知らせが来るシステムや、専用のコールセンターにより利便性も向上。録画防犯カメラを設置する店も増え、洗濯の間にコインランドリーを離れても安心できるようになった。洗濯機や乾燥機のクオリティー自体の開発も進んでいる。今や洗濯は自宅でするものではなく、コインランドリーで〝楽しみながらする〟という時代が訪れた。

全国コインランドリー連合会によると、四半世紀ほど前の1997（平成9）年には、およそ1万店舗ほどだった国内のコインランドリーの数は、2022（令和4）年には2万5000店舗を超えたと見られている。「コインランドリー」は、ニッポンの住宅事情や家族事情を背景に、世界に誇るサービスによって飛躍的な進化を続けている。

遊具・娯楽

54

ジェットコースター

［後楽園ゆうえんち］

1955年

ジェットコースターが東京都心にやって来た！ ～遊園地の人気アトラクションの歩み

遊園地と言えばコレ！　という人も多いことだろう。人気の遊具「ジェットコースター」。高速スピードで乱高下するマシンの前で行列を作り、心からの絶叫を満喫する人々。そんな「ジェットコースター」の歴史とは？

「ジェットコースター」の由来はいろいろ伝えられているが、次の二つがユニークである。まず16世紀頃のロシア、氷で作った滑り台を木製のそりで滑り降りて遊んだことから始まったという説。もう一つは、19世紀のアメリカ、鉱山の廃坑で石炭を運ぶためのトロッコに乗って、炭坑内を走り回って遊んだという説。これには思わず人気映画『インディ・ジョーンズ』の場面を思い出してしまう。現在のように、遊園地の遊具として登場したのは19世紀末、アメリカのニューヨーク郊外にできた遊園地と伝えられる。10人乗りのコースターで長さはわずか140メートル弱、時速も10キロ程度だったそうだ。「ローラーコースター（roller coaster）」と名付けられ、人気の遊具になっていく。

そんな「ローラーコースター」が日本にも登場した。1955（昭和30）年に東京の水道橋駅近くに新しい遊園地「後楽園ゆうえんち」がオープンすることになった。開業に合わせて何か新しいアトラクションはないだろうか？　当時、日本の遊園地のほとんどは郊外にあって、この後楽園ゆうえんちのように都心に子どもたちの遊び場ができることは、とにかく大きな魅力だった。そこで思いついたのが、アメリカなど海外で人気を集めていた「ローラーコースター」だった。乱高下するレールの上を貨車が猛スピードで走る。何より、レールが上下に立体化されているため、都心の狭く限られた土地でも、有効活用できることが魅力だった。

こうして完成した日本版ローラーコースターは、全長550メートル、高さ15メートル、最高速度は時速50キロだった。アメリカのローラーコースターはもっとスピードが出ていたが、当時まだ日本の人たちはこの新しい遊具に慣れていない。速さに驚いてしまい、失神する人が出てはいけないと考えて、スピードや落差も控えめにした。また、こうしたコースターの建設許可の基準もまだなかったことから、後楽園ゆうえんちでは、専門家にチェックと査定を依頼して、独自に安全面を徹底したうえでコースターを整備した。そして、デビューに合わせて、日本独自の名前を付けた。それが「ジェットコースター」。ジェット機のように加速して空を飛び回る、そんな感覚を名前にした和製英語だった。4両編成で乗車料金は1回50円。大人も子どもも、この新しい遊具に殺到した。戦争が終わって10年、家族でレジャーを楽しもうという空気が出始めた頃であり、東京都心に登場した「ジェットコースター」は、日本の戦後復興の一つの象徴でもあった。後楽園ゆうえんちがオープンした7月9日は、「ジェットコースターの日」と制定された。

日本の「ジェットコースター」は、スピードとスリルを追求しながら進化していく。360度回転式の「コークスクリュー」、頂上から垂直に急降下する「ウルトラツイスター」、そして上半身だけを固定してぶら下がる「インバーテッド」など、次々と魅力的なコースターが誕生した。三重県桑名市にあるナガシマスパーランドにも、世界に誇るコースターが沢山ある。その数は国内最多の12種類、アメリカに依頼して作られたものもある。「スチールドラゴン2000」は、全長2479メートル、世界で最も長いコースターである。最高速度は時速153キロ、乗車時間3分30秒を長く感じるか短く感じるかは乗る人次第だろう。

暮らし

55

瞬間接着剤

［東亜合成株式会社］

1963年

ギネス世界記録にも認定された「瞬間接着剤」のニッポンでの開発の歩みと魅力

「接着剤」の歴史は、人類が道具を使い始めた頃にさかのぼる。石器時代の矢じりも、天然のアスファルトを使って木の棒に付けられたといわれる。紀元前のメソポタミア文明の王の墓からは、貝殻などを接着したモザイク画も見つかった。モノとモノをくっつけるために、様々な接着剤が用いられた。やがて合成接着剤を経て、20世紀半ばのアメリカでは「瞬間接着剤」が開発された。その名の通り〝あっという間にくっつく〟接着剤だった。

この「瞬間接着剤」に、日本の会社「東亜合成株式会社」が着目した。アメリカで生まれた瞬間接着剤の化学構造が、日本で初めて工業生産に成功した自社の化学製品「アクリル酸エステル」によく似ていることが分かった。このため、国産の「瞬間接着剤」作りをスタート、1

963（昭和38）年、「アロンアルファ」と名付けた瞬間接着剤を発売した。最初はあくまでも〝業務用〟だった。

そんなある日、魚釣りが趣味という顧客から、業務用のアロンアルファを魚釣りの仕掛け作りに使ったら「便利だった」という話が届いた。「それならば、一般家庭でも役立つはずだ。家庭用の瞬間接着剤を作ろう」。東亞合成のさらなる開発が続いた。瞬間接着剤は、すぐに固まってしまう。接着する位置の調整もしやすいように、あえて接着の速度を速めすぎない工夫もした。その保存状態も重要だった。家庭でも保管しやすく、さらに使い始めて短い期間で中身が固まったり、接着力が落ちたりしないよう、二重になった「ロケット型の容器」を開発した。容器の中には乾燥剤も入れた。1971（昭和46）年、世界で初めて〝家庭用〟の瞬間接着剤が誕生した。

「アロンアルファ」の進化は続く。発売当初、接着できるのは「プラスチック」「合成ゴム」「金属」の3種類だけだったが、接着剤の〝粘り気〟、すなわち粘度を高めることで、「木材」の接着も可能にした。1978（昭和53）年に発売された「木工用」は、わずか1滴で木材を接着することができる画期的な接着剤だった。さらに粘度を高めて、〝ゼリー状〟にすることによって接着できる対象も広がり、「陶器」など接着剤が染み込みやすい素材や、垂直に接着したい時にも使えるようになった。

容器の改良も進めた。使い切りタイプの「EXTRAミニ×4」や、ノズルの先をスティック状にして、1滴だけのピンポイント使用にも対応できる「EXTRAスティック」なども登場した。こうした商品によって、接着剤が手に付く心配なく使用できるようになった。が、万が一、手に付いた時などにも剥《は》がしやすいように、「はがし隊」という商品も開発した。

「アロンアルフア」は世界でも認められた。2019（令和元）年には、一般消費者向け瞬間接着剤最長寿ブランドとして、ギネス世界記録に認定された。その2年後に発売された「タフパワー」は、耐水と耐熱でも強さを発揮して、アロンアルフア史上最強といわれる商品になった。日本で生まれた「アロンアルフア」は日本国内だけでなく、世界20カ国以上の国や地域で活躍している。

暮らし

56

食品用ラップ

［呉羽化学工業株式会社］

1960年

「食品用ラップ」は軍需用品から台所の必需品へとニッポンで大きな進化を遂げた！

どの家庭の台所にも必ず常備されているのではないだろうか。食材、料理、そして盛り付けた皿などを包み込む「食品用ラップ」。日本の開発技術によって、今なお進化を続けている。その歩みを追ってみた。

ルーツはアメリカだった。1933（昭和8）年にダウ・ケミカル社が開発した合成樹脂による薄いラップ、実は第二次世界大戦中に戦場で使われていた。湿気を通さないために火器や弾薬を包む軍事用品だった。戦後になって、ラップを製造していたメーカーの幹部が家族でピクニックに出かけた時、妻が夫の会社で作っているラップにサラダ用のレタスを包んで持参した。みずみずしさを保ったままの野菜は新鮮で美味しかった。それまで火薬などを包んでいたラップは、食品用として新たな道を歩み始めた。これがアメリカ生まれの「食品用ラップ」の第一歩である。

日本でも、そのラップに注目した会社があった。1944（昭和19）年創業の「呉羽化学工業株式会社」、現在の「株式会社クレハ」である。苛性ソーダの生産から生まれる塩素で、塩化ビニリデンという合成樹脂を開発し、「クレハロン」と名付けて製品化した。魚を獲る漁業用の網として使用したが、なかなか売れなかった。そんな時にアメリカでは、合成樹脂のラップを食品用に使っていることを知った。そこで「クレハロン」を食品用のラップとして開発することにした。当初は薬品の臭いが残っていて、魚肉ソーセージなど香辛料が効いている食品では気にならなかったが、それ以外のほとんどの食品は臭いの影響を受けた。そこで配合の際に安定剤を加えるなどの工夫をして、ついに無臭フィルムが完成した。

1960（昭和35）年7月、日本で最初の食品用ラップ「クレラップ」が発売された。第1号の「クレラップ」は、幅30センチ、長さ7メートルで、販売価格は100円だった。「クレラップ」は、一般家庭へ冷蔵庫が普及していくとともに人気が出始め、さらに電子レンジの登場によって台所に欠かせない商品になっていった。

家庭に広がっていくとともに、様々な問題点や要望が届くようになった。「スパッと切れない」「斜めに切れてしまう」「切ったラップ同士がくっついてしまう」。こうした声に対し、一つ一つ改良を加えていった。ラップを端から端へ切るのではなく、真ん中から一気に切れるようにすればいい。ラップの箱に付ける刃を「V字型」にして、箱を持つ手をくるっと回転させることによって、ラップを真ん中から切ることができるように工夫した。手に持ちやすいように、箱の角には丸みをつけた。上手に切ると、ラップ同士が重なってしまうことも少なくなった。

「クレラップ」の歴史、それは発売から今日まで加えられてきた、細やかな改良の歩みでもある。

「食品用ラップ」は、主に台所を舞台にするだけでなく、様々な場面で使われるようになった。災害時には皿やコップにかぶせて洗う手間を省いたり、トイレに敷いても使用したりできる防災グッズにもなった。ケガの場合は止血用にも重宝した。そして書店では、立ち読み防止や本の表紙が反らないように、店頭の本をくるむ用途でも使われている。

米軍の軍事用品から生まれた合成樹脂のラップは、ニッポンの技術と細やかなアイデアによって活躍の場を広げている。

ファッション

57

ストッキング

［厚木編織株式会社］

1955年

世界を驚かせた日本製の「ストッキング」〜穿き心地を追求した技術力の歩み

実は、もともとは男性が穿《は》いていた「ストッキング」は、中世ヨーロッパで貴族の男性たちの「ホース」と呼ばれた長靴下がルーツとされる。ジャケットに短いパンツ、その下に、膝までであるシルクの高級靴下を穿いた。その後、女性たちも穿くようになり、20世紀のアメリカで、ナイロン製のストッキングが作られた。値段も手ごろになったストッキングは、世界中に一気に広がっていった。

やがて、日本にも「ストッキング」が入ってきて、国内での生産も始まった。あらかじめ脚の形に編んだ布地の端と端を合わせ筒状に縫い合わせていく。このため、後ろ側には糸の縫い目が入っていた。穿いている間にズレていったり肌触りに違和感があったり、その縫い目は使用者にとって邪魔な存在でもあった。

神奈川県海老名市で、1947（昭和22）年に堀禄助《ほりろくすけ》が創業した「厚木編織株式会社」（現・アツギ株式会社）。もともと生糸の研究者であった堀は、靴下やメリヤスの肌着、捕鯨用のロープなど幅広い製品を作っていた。そんな中で、ロープの素材としてナイロンと出合う。それをきっかけに、ナイロンを使って「ストッキング」を作ることになった。

「これからの日本には、女性たちが美しい服を自由に楽しむ時代がやって来る」

当時、ストッキングを穿く女性たちは、歩く度に、縫い目を気にしていた。「何とか縫い目をなくすことはできないだろうか」。堀が目指したもの、それは〝縫い目のない〟ストッキング、すなわち「シームレスストッキング」だった。

堀は、長靴下用の丸編み機を応用することを考えた。最初から、丸い円筒の形で〝太腿《ふともも》〟部分から編み上げていき、最後に〝つま先〟部分を縫い合わせて完成させる。つまり、縫い目は〝つま先〟にしかできない。この機械を改良して、ストッキング用の編み機を開発した。生地の肌触りを心地よくするために、普通の靴下を編むのには320本だった針の数を400本に増やし、編み目をより細やかにした。さらに糸にも工夫をした。ナイロンの糸をそのまま編むと、光ったり滑りやすくなったりしてしまうため、あらかじめ糸をウェーブ状に加工してから編むことにした。１９５５（昭和30）年に「シームレスストッキング」が完成した。そこには、長い間、穿く人を悩ませていた「縫い目」はなかった。

しかし、この画期的なストッキングは当初はなかなか売れなかった。実は、縫い目がないために「ストッキングを穿いていないように見えるので恥ずかしい」というのが理由だった。昭和30年代の日本社会は、まだそんな空気だったのである。このシームレスストッキングは海外へ輸出されていった。日本独自の細やかな技術は、海外で高い評価を受けて商品は大ヒットした。その後、日本でもようやくシームレスストッキングの魅力が知られ始めた。アツギでは、1足３００～３５０円で販売した。当時としては高級品だったため、穴が空いて綻《ほころ》びが広がる、いわゆる「伝線」を直す修理店が百貨店などにお目見えしたという逸話もある。

その後、腰からつま先までつながった「パンティーストッキング」がアメリカで開発されて、アツギでも、パンティー部分の糸をさらに改良するなどして、１９６８（昭和43）年に、国産初のパンティーストッキングを発売した。この頃、イギリス出身のモデル、ツイッギーが、ミニスカート姿で登場。若い女性たちにミニスカートブームが巻き起こり、パンティーストッキングは、時代のヒット商品となった。

アツギは、1979(昭和54)年に、世界初となる画期的なストッキングを開発した。それまでは、3〜4日穿くと足首や膝の部分に〝たるみ〟が出てしまった。これをなくすために伸縮性の高いポリウレタンをナイロンで巻きつけたまったく新しい糸を作り、これでストッキングを編んだ。この新しい商品「アツギ フルサポーティ」は、脚のフィット感に優れていてずり落ちたりせず、穿いている時の〝たるみ〟も気にならなくなった。現在、ストッキングのほとんどが、このサポートストッキングを応用したものだ。女性たちの脚を守り、そして、より魅力的に見せる。日本で大きく進化した「ストッキング」は、今や欠かせないファッションアイテムに成長した。

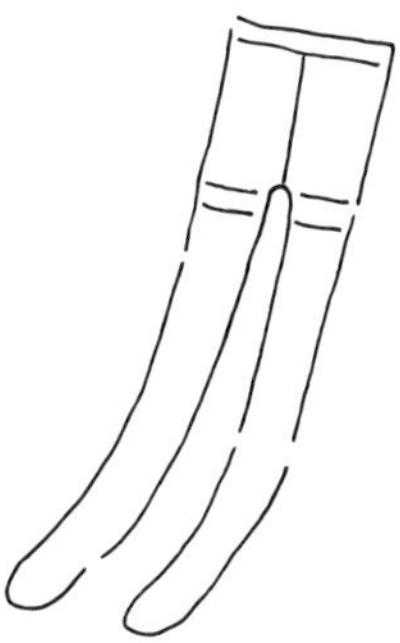

文具

58

セロテープ

［歌橋製薬所］

1948年

「セロテープ」は絆創膏から生まれた？
～アメリカをあっと驚かせたニッポンの開発力

セロハン粘着テープが生まれたのはアメリカだった。1930（昭和5）年に、最初はマスキングテープとして自動車の塗装に使われた。テープが透明で糊《のり》などを使わずに、そのまま貼ることができる。やがてアメリカでは梱包や封筒の封印の際に使われるようになった。

1889（明治22）年に東京で生まれた歌橋憲一。父親の薬局を継いで、1918（大正7）年に「歌橋製薬所」を創業した。膏薬から始まり、主に絆創膏《ばんそうこう》を製造していた。太平洋戦争が終わったある日、そんな歌橋のもとにGHQ（連合国軍最高司令官総司令部）からある依頼が届いた。

「セロハン粘着テープを作ってもらえないか？」

ＧＨＱは検閲した手紙の封書などを閉じたりするために、本国から持ち込んだ粘着テープを使っていたが、輸入すると経費もかかるため、日本国内での調達を考えた。そこで白羽の矢が立ったのが、絆創膏を作っている歌橋製薬所だった。

歌橋は、会社にとってのチャンスと考え、その依頼を引き受けた。絆創膏作りで培ってきた技術を応用して、発注からわずか1カ月後には試作品を作り上げた。しかし、合成粘着剤を使っていたため気温が高い夏はしっかりとくっついたが、寒くて乾燥している冬は粘着力が一気に落ちてしまった。そこで原料を研究し直して、天然ゴムを使うことにした。冬でも効果がある粘着剤を開発してテープに使った。こうして発注から4カ月後の１９４８（昭和23）年1月に、完成したセロハン粘着テープをＧＨＱに納品した。

驚いたのはＧＨＱだった。アメリカでも開発には10年かかったセロハン粘着テープを、わずかな期間でここまで質の高い商品に作り上げるとは。日本の開発技術に感激し、ＧＨＱは量産を求めたのだった。歌橋は依頼に応えながらも考えた。

「こんなに便利なものはない、日本国内向けに作れば、きっと売れるはずだ」

同年6月、国産のセロハンテープを発売した。商品名は「セロテープ」。パッケージは、赤、白、青3色の目立つ色にした。しかし当時の日本はものを貼る時に糊や画びょうを使っていたため、当初「セロテープ」はなかなか売れなかった。そこで大々的な宣伝戦略とともに、さらなる使いやすさの工夫を模索し続けた。

「セロテープ」に塗られているのは、接着剤ではなく粘着剤。そのため、一度貼っても剥《は》がすことができる利点があった。しかし売れ始めると、「くっつきすぎて剥がす時にうまく剥がれない」という声が寄せられるようになった。そこで、セロハンと粘着剤の間に〝緩衝材〟として下塗り薬を入れるなどの改良を加えた。さらにテープの表面に目に見えないほど小さな凹凸をつけて、粘着剤が凹部に沁み込んでより接着しやすくなる工夫もした。「くっつきやすく、しかし同時に剥がしやすい」というアイデアによって、「セロテープ」は、ますます使い勝手のいい便利な文具に成長していった。

〝切り口〟の研究開発も続けた。発売当初から、「セロテープ」にはテープをカットするためにギザギザの付いた金具が付属品として付いていたが、発売4年後の1952（昭和27）年には、台座の付いたテープカッターが登場。別名「ディスペンサー」とも呼ばれ、一段と使いやすさが向上した。その頃から全国の文房具店も便利さに気付いて、店頭に置くようになった。「セロテープ」は、家庭やオフィスに一気に広がっていった。

1960（昭和35）年には、ハンドカッター付きのケースで挟み込んだ「セロテープ」を発売。小型のサイズも開発し、持ち運びも簡単になった。最も大きな進化は2010年代にお目見えしたカッター、それまでギザギザに切れていたテープを真っすぐに切ることができるようになった。名付けて「テープカッター直線美」。これも日本らしい細やかなアイデアの成果だった。歌橋が創業した歌橋製薬所の現在の会社名は「ニチバン株式会社」。セロハン粘着テープの第一人者として、業界をリードしている。

※「セロテープ」はニチバン株式会社の登録商標です。

薬・医療

59 注射針

[テルモ株式会社]

2005年

日本で生まれた「痛くない注射針」
〜メーカーと町工場の真心を込めた開発秘話

病気の予防や治療で、誰もが世話になる「注射器」。現在のような形状が考え出されたのは、19世紀半ばのフランスである。一人の外科医が浣腸用の器具の先にパイプ状の針を取り付けて、体内に薬を注入した。注射器は江戸時代の末期に、オランダ人の医師によって日本に持ち込まれた。明治時代には国産のガラス製の注射器も作られるようになった。

1921(大正10)年に、北里柴三郎ら医師たちが発起人となって設立された会社「赤線検温器株式会社」(現・テルモ株式会社)は、国産の体温計作り(P120参照)でも知られているが、注射器の製造にも取り組んでいた。当時は感染リスクをほとんど考慮せずに、ガラス製の筒の注射器を消毒しながら使い続けていたが、筒をプラスチック製にして、日本で初めて〝使い捨てできる〟注射器を開発した。1963（昭和38）年に、日本で最初の「ディスポーザブル（使い捨て）注射筒」が誕生した。

時は流れて、2000（平成12）年、注射や点滴など医療機器の開発を担当していたテルモの技術者が、病院で糖尿病の治療をする少女を目にした。その患者は1日に数回、インスリン注射をしなければならなかった。小さな腕に針を刺されて懸命に痛みに耐えて注射を受ける子どもの姿を見て、テルモの担当者は思った。

「痛みの小さい注射針はできないだろうか」

製造方法を検討した結果、採用されたのはプレス加工だった。1枚の金属の板を、金型を使いながら立体的な形にしていく方法である。しかし、注射針のような精密なものを作るには極めて高度な技術が必要だった。メーカーや工場など100社以上に相談した結果、東京都墨田区にある「岡野工業」が引き受けてくれた。従業員6人の小さな町工場だったが、糖尿病の治療に向き合う子どもたちの話を聞き、テルモとともに、痛みの小さい注射針作りに取り組むことになった。

皮膚で痛みを感じる部分は「痛点」と呼ばれる。人体にはわずか1センチ四方に、100個から200個の痛点があるといわれていて、針がより細い方が痛みを感じにくくなる。しかし、針は細ければ細い分だけ、薬を注入する時の抵抗が大きくなり液も出にくくなる。それは、刺された瞬間とは別の痛みも伴うことになる。そこで考えたのは、従来のような均等な円筒の針ではなく「根元を太く、先端は細い」形状。いわゆる〝メガホン〟のような筒状の針だった。

薄いステンレスの金属板をプレスして、精密な針を作っていく。とにかく小さい。パイプの内部は顕微鏡でチェックして、いびつな部分を修正した。作り直した金型の数は数百個に及んだという。さらに、針先はより細くしたい。肌の痛点をうまく回避するよう、その先端はわずか0・2ミリまで細くした。さらに先端の加工にも工夫した。従来の針の先端は左右対称だったが、どうしても痛みを感じる。例えば、包丁のとがった先端はチクリとするが、刃の部分は触れても痛くない。その原理を応用して、肌を「突き刺す」のではなく、「小さく切る」イメージで先端の形を〝斜め〟にした。

開発を始めてから5年の歳月が流れた。そして、2005（平成17）年に、痛みの少ない注射針「ナノパス」が誕生した。世界で最も先端が細い投薬用の注射針だった。プレス加工のため大量生産も可能だった。1日に複数回のインスリン注射が必要な糖尿病患者は、子どもから大人まで日本国内だけでも100万人以上いると推定される。「痛みの少ない注射針」の誕生によって、患者の負担は格段に軽くなった。

テルモのナノパス開発は続き、２０１２（平成24）年には、先端０・18ミリという、さらに極細の注射針「ナノパス34」が誕生した。さらに２０１９（令和元）年には、小児など皮膚が薄い人のために、針の長さが３ミリという「ナノパスJr.」を開発した。

医療現場に欠かすことができない注射器は、ニッポンの熱き開発魂と卓越した技術による「注射針」によって、大きな進化を遂げた。

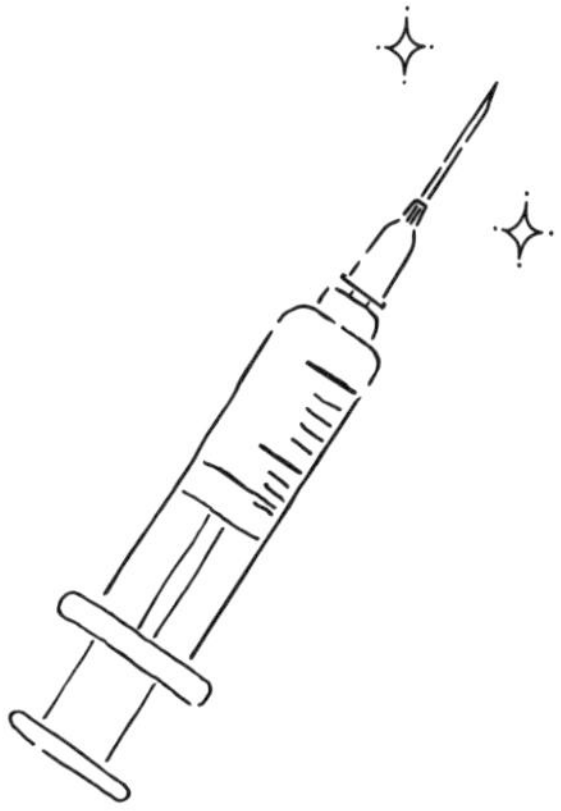

ファッション

60

つけまつげ

［小林コージー化粧料本舗］

1947年

日本での「つけまつげ」誕生秘話～浅草の花街から歩み出したアイメークの歴史

女性にとって〝目のおしゃれ〟は化粧の重要なポイントである。まつ毛を濃く見せるという化粧方法は、古代エジプトに起源を求めることができる。やはりそれは、かのクレオパトラという〝絶世の美女〟の存在があったからだろうか。

日本で「つけまつげ」が登場したのは、１９２０年代の大正時代末期。東京の浅草で働いていた芸者や踊り子たちが、目元をぱっちりと見せようと、外国製の「つけまつげ」を使い始めるようになった。しかし、なかなか手に入りにくい希少品だったため、見よう見まねで自分たちの髪の毛を使ってお手製の「つけまつげ」を作っていた。

そんな「つけまつげ」に目を付けた人がいた。小林幸司、かんざしやかつらなど小間物を扱う商店を1927（昭和2）年から経営していた。小林は、浅草の街で女性たちに流行《はや》り始めていた「つけまつげ」を見て、今で言う〝アイメーク〟の重要性に気付く。早速、自分で「つけまつげ」の製造に乗り出した。もともとかつらを扱っていたので、素材とする髪の毛はかつらの入手ルートを活用した。

当時の「つけまつげ」は人の髪の毛を1本1本束ねて、手編みで仕上げていた。小林は実際に使っている女性たちから作り方を聞きながら編み上げていった。一つの「つけまつげ」には約120本の髪の毛を使ったという。均一に編むこと、まとめた毛をばらけないようにすること、その二点に留意しながらの手作業は繊細なものだった。まぶたに付ける際には、松の木の天然樹脂「松やに」を使った。それでも、人の毛は柔らかすぎてうまく付かなかったため、根元の部分にはカタン糸という手芸用の細い木綿糸を使う工夫も加えた。

数カ月に及んだ試行錯誤の末、1947（昭和22）年、日本生まれの第1号となる「つけまつげ」が完成した。前の年に社名を「小林コージー化粧料本舗《けしょうりょうほんぽ》」としていたため、この国産初の商品を「特製コージー附マツ毛」と命名した。すべての工程が手作業だったため、どんなに腕のいい職人でも、1日あたり20個作るのが限度という手の込んだ品だった。小林は自らの

「つけまつげ」を「アイラッシュ」と呼び、3年後には海外への輸出も始めた。そして1954（昭和29）年に会社名を現在の「コージー本舗」とした。

もっともっと多くの女性たちに気軽に「つけまつげ」を使ってもらいたい。そこで小林は、動物の毛を使うことを思い付く。馬の毛や豚の毛を試したが、毛が固すぎて目元には使いづらいうえ、色が人間のまつげにはなじまなかった。そんな中、試してみたのが、高級な毛皮で知られるミンクだった。軽くて、毛先がすっきりと細いミンクの毛を使ったソフト感のある「ミンク　アイラッシュ」は、1975（昭和50）年に発売されて人気商品となった。

世界で初めて合成繊維のナイロンを使うことにも挑戦した。ナイロンは、人や動物の毛と比べて加工しやすいため、人のまつ毛のように毛先を細くする技術が生まれた。大量生産も可能となった。この頃、イギリスのモデルで「ミニスカートの女王」として人気だったツイッギーが来日。当時、18歳だった彼女が「つけまつげ」を愛用していたこともあって日本国内で「つけまつげ」はブームになった。コージー本舗は、韓国、中国、ベトナムなど、海外に次々と生産拠点を作り、日本生まれの「つけまつげ」は世界各国の女性たちへと広がっていった。

目のおしゃれに〝革命〟をもたらした「つけまつげ」。ニッポン独特の繊細な技術は、アイメークの世界でも、海外にその名を知らしめた。

電化製品

61

電気カミソリ

［松下電工株式会社］

1955年

アメリカで出合った電気カミソリに魅せられた！ 国産「シェーバー」夢の開発物語

当時、世の男性たちは、あっと驚いたことだろう。電動のシェーバー、いわゆる「電気カミソリ」は、１９５０（昭和25）年に、西ドイツのブラウン社によって発売された。それまで、髭を剃る道具は剃刀《かみそり》で、石けんを泡立てて肌につけて、剃刀を肌の上に滑らせながら剃っていた。水も泡もいらない電動シェーバーは画期的な発明だった。

そんな新たな発明品と海外で出合い、それに魅せられた日本人がいた。〝経営の神様〟として知られる松下幸之助の後を受けて、「松下電工株式会社」（現・パナソニック株式会社）の社長に就いた丹羽《にわ》正治《まさはる》である。１９５４（昭和29）年に、アメリカを視察中だった丹羽は、現地で初めてシェーバーを手にした。「電気で動く、こんなカミソリは見たことがない」。使われているバイブレーターや小型モーターには、まさに自社の技術が生かせると考えた丹羽は、即断した。「日本でもシェーバーを作る」。帰国後すぐ、社内に開発プロジェクトを立ち上げた。それはやがて「カミソリ事業部」として独立していく。

しかし当時は社内にも、この「電気カミソリ」の存在を知る社員はほとんどいなかった。海外からの情報だけが頼りの、手探りのスタートだった。カミソリの刃を動かすための技術は持っていたものの、問題は「刃」だった。電機メーカーだけにそれを作った経験もなければ金型も存在しなかった。そこで、刃物メーカーの協力を得て、厚い鉄板を加工して、幅32ミリのスリット刃を作り上げた。開発を始めてわずか1年後の1955（昭和30）年に、国産初のシェーバー「ＭＳ10」が誕生した。値段は2450円、当時としては高額だったが、月間1万台を売り上げるヒット商品となった。それだけ「電気カミソリ」は、日本でも男性たちに受け入れられたのだった。

先行する外国製のシェーバーに対抗するためには、剃り味を高めることが必要だった。そこで、刃を安全カミソリで使われているステンレス製に替えた。さらに、肌にあたる剃り部分を円形にして髭が入る穴を中央から渦を巻くように配置した。この「スピンネット」は、197

4（昭和49）年に発売されて大ヒットした。続いて、世界で初めて〝水で洗うことができる〟シェーバーを発表。これによって、石けんの泡も使って髭を剃ることができるようになり、根強い「安全カミソリ派」も、シェーバーの魅力を認めることになった。

日本人の肌は欧米人に比べて敏感だったことから、深剃りは肌に負担がかかり、ヒリヒリ感が残った。同時に髭を剃るのに時間がかかるという課題もあった。そのため、開発チームは「刃」にこだわった。刃の枚数を増やし、それぞれが独立して違う方向に動くことで、肌へのタッチも柔らかくなり、顎《あご》の下などの剃り残しも少なくなった。同時に、この「刃」を速く動かすことにも挑戦した。それまでの回転式モーターでは毎分1万回が限界だった。そこで目を付けたのが、当時JRグループが開発していたリニアモーターカーの仕組みだった。リニアモーターによって、回転ではなく縦方向に「刃」を動かす。毎分1万2000回のストロークを目指した。1995（平成7）年に世界初の「リニアモーターシェーバー」を発売。剃り時間は一気に短くなった。

国産シェーバーの進化は続く。2002（平成14）年には、世界市場を見据えた新たな商品「ラムダッシュ」を発表した。「ラムダ（刃）」と「ダッシュ（鋭さ）」を組み合わせた自信のブランド。刃の枚数も、2007（平成19）年には4枚刃、2011（平成23）年には5枚刃、そして、最新の「ラムダッシュ」は、実に6枚刃と増えていった。毎分のストローク数は1万4000回となり、世界最高値を記録した。

日本の電機メーカーのリーダーが、渡航先で偶然目にした「電気カミソリ」は、日本の卓越した開発技術とアイデアによって、先駆者だった海外を超える高みに到達し、今なお進化を続けている。

電化製品

62

電卓

［早川電機工業株式会社］

1964年

世界初！　液晶の「電卓」を作ったニッポン、こうして実現した夢の〝電子そろばん〟

昭和の時代、多くの小学生が通っていた〝塾〟といえば、〝そろばん塾〟だった。学校では算数の授業の中でも算盤《そろばん》が使われた。教室には算盤玉をはじく「パチパチ」という音が響いていた。昭和40年代に入って、算盤を使わなくても簡単に計算をしてくれる機械ができたというニュースが飛び込んできた。それが電子式の卓上計算機、いわゆる「電卓」だった。

世界で最初の「電卓」は、イギリスで生まれた。ベル・パンチ社というメーカーが、1961（昭和36）年にロンドンで開催されたビジネスショーに出品した。計算は速く、それを見た人たちからは感嘆の声が上がったそうだが、重さが14キロもある大きな機器だった。

そんな「電卓」に注目して、日本でも作ろうと挑戦を始めた会社があった。シャープペンシル（P56参照）という画期的な筆記具を生み出した早川徳次の「早川電機工業株式会社」だった。のちに「シャープ株式会社」となるこの会社は、1960年代になると電機メーカーとしてトランジスタラジオやテレビなどを開発していた。そんな頃、若い技術者の間で「何か新しい商品を作らないか」という機運が高まった。コンピューターの開発チームが、イギリスで生まれた「電卓」を知り、それを自分たちの手で作ることになった。日本にも計算機はあったが、目盛りやハンドルを動かして計算する機械式で、音もうるさく計算も遅かった。そこで、コンピューター技術を駆使して、静かで計算も速い「電子式の卓上計算機」、すなわち「電卓」の開発を目指した。

最初は、半導体の一つであるゲルマニウムのトランジスタを使ったが、どうもしっくりこない。そこで得意分野であるラジオのトランジスタを「電卓」にも応用することにした。この試みは成功し、動きや品質は安定した。ラジオ作りで培った技術が、電卓作りでも役に立ったのだ。開発を始めて4年、1964（昭和39）年に、オールトランジスタの「電卓」（CS-10A）が完成した。しかし、内部の部品数は4000点もあり、重さはイギリス製のものを上回る25キロ。値段は53万円超で、当時は自動車1台が買えるほどの高級品だった。

「八百屋さんが、そろばんの代わりに使える計算機を作ろう！」。それには「安くて、軽くて、小さい」そんな〝電子そろばん〟を作らなければならない。開発チームが目を付けたのは「IC（集積回路）」、さらに「LSI（大規模集積回路）」だった。アメリカから部材を輸入して、1969（昭和44）年に世界初のLSI電卓を発売した。ようやく、手のひらにのせて使える大きさになった。しかし、これ以上の小型化には限界があった。数字を入力する「10キー」と「数値を表示するディスプレー」。この面積分だけはどうしてもスペースが必要だった。

「小さくできなければ、薄くすればいい」。次に目を付けたもの、それが「液晶」だった。19世紀にオーストリアの植物学者が発見した「液晶」。これを使うと電気的な刺激によって画面の光に変化が起きる。この性質を応用した表示装置の液晶ディスプレーが海外で生みだされ、ディスプレーの分野でも大きな進歩をもたらしていた。開発チームはこの液晶を日本で実用化できないかと研究を重ね、ついにそれに成功する。透明の膜やガラス板のシールも開発し、そこに液晶やLSIを組み合わせることによって本体は一気に薄くなった。1973（昭和48）年、世界初の液晶を使った「電卓」が完成した。液晶の消費電力はとても少なく、単3電池1本で100時間も使うことができた。薄さも2センチ、重さはわずか195グラムで、第1号機から約130分の1の軽さになった。1970（昭和45）年に社名をシャープと変更していたが、まさに「液晶のシャープ」の本領発揮だった。

液晶を使ったことによって「電卓」は一気に小型化、そして薄型化されていった。クレジットカードのサイズにまで小さくなり、財布にも簡単に入るようになった。〝八百屋さんが使えるレベル〟を一気に超えて、仕事場でも家庭でも「電卓」は身近な存在になった。現在では、スマートフォンの中にもアプリとして組み込まれている。「安くて、軽くて、小さい」そんな〝電子そろばん〟作りの夢は現実になった。シャープの最新モデルは、キー表面に抗ウイルス加工を施し、2種類の税率も計算できるという、まさに〝時代に合わせた〟カラフルな電卓である。日本での「電卓」の歩みは続いている。

食品・料理

63

トマトケチャップ

［カゴメ株式会社］

1966年

食卓の人気者「ケチャップ」
トマトの歴史とともに、ニッポンで歩んだ風味と開発史

日本で「ケチャップ」といえば、まずは「トマトケチャップ」が思い浮かぶほど、それはトマトという野菜と切っても切れない関係である。今や料理にも食卓にも欠かせない調味料「ケチャップ」の日本での歩みを辿る。

「ケチャップ」のルーツは、中国の「魚醤《ぎょしょう》」とされる。魚を発酵させた調味料で、かつて中国南部では「ケ・ツィアプ」と呼ばれていた。それが語源といわれる。やがて、ヨーロッパそしてアメリカに伝わり、小さく切ったトマトを煮詰めて、塩や香辛料を加えた〝赤い調味料〟ができ上った。「トマトケチャップ」である。ハンバーガーやフライドポテトなどには欠かせな

い人気の味になった。

「トマトケチャップ」は、明治時代の文明開化の中で日本にもたらされたが、そのケチャップに目をつけた人物がいた。1875（明治8）年に愛知県知多郡（現在の東海市）の農家に生まれた蟹江一太郎である。戦争が終わって故郷に帰る時に、軍の上官から「実家が農家ならば、これからは西洋野菜を作るといい」と助言された。蟹江は、キャベツ、レタス、パセリなど、当時は珍しい西洋野菜作りを始めたが、その中に、当時「赤茄子《あかなす》」と呼ばれていたトマトがあった。キャベツなどは徐々に売れ始めたが、トマトだけはまったく売れなかった。そんな時、海外ではトマトを生で食べるのではなく、加工して調味料として使っていることを知った。

蟹江は1903（明治36）年から自宅の納屋でトマトソース作りを始める。トマトを刻んで種を取り除き、それを煮詰めた後、裏ごしした。最初はドロドロの状態で、今でいうトマトピューレのようなものだった。蟹江は工場を立ち上げ、トマトソースの製造を軌道にのせると、今後有望な商品として注目していた「トマトケチャップ」作りに着手する。シナモン、ローリエ、ナツメグなど海外から輸入した香辛料を配合しながら、ケチャップ作りを進めた。しかし、最初にできたものは色鮮やかな深紅ではなく、くすんだ色になってしまっていた。そこでアメリカの加工技術をヒントにして殺菌方法を変えることにした。瓶に詰めた後に熱で殺菌するのではなく、作ったトマトケチャップを熱いまま瓶に詰めて蓋《ふた》をして密閉した。これによって、雑菌も入らず、色のきれいなトマトケチャップが製造できるようになった。

だが、さらに問題が浮上した。瓶入りのケチャップは使いにくいという声が消費者から届くようになった。瓶からは取り出しにくく、瓶を逆さにして底をたたいて皿などに出さなければならなかった。そこで容器を工夫することにした。それはプラスチックの容器だった。「軟らかく、出しやすく、そして最後まで無駄なく使いきることができる」そんな容器を、メーカーと共同で研究して、ポリ塩化ビニリデンという素材に辿り着いた。1966（昭和41）年、世界初となるチューブ入り「トマトケチャップ」が誕生した。キャップは片手で簡単に開けることができ、さらに次の使用時に出しやすいように、容器を逆さに立てて保存することもできるようになった。チキンライス、オムライス、そしてナポリタンなど、使う料理も増え始め、「トマトケチャップ」は日本の食卓に欠かせないものとなった。

蟹江は、自分の会社のマークに五角の星を商標として申請した。「五角の星」は日本陸軍の象徴でもあり、西洋野菜を作るきっかけを教えてくれた先輩への感謝を忘れないためだった。しかしこのマークは当局の許可が下りず、その後、三角形を2つ重ね丸で囲ったマークを考案。このマークを商品に付けていたが、これが籠《かご》の編み目に似ているということで取引先から「カゴメ印」と呼ばれるようになる。１９６３（昭和38）年、人々に親しまれていたこの愛称を採用し、社名を「カゴメ」とした。同社のブランドマークは、その後、トマトマークやアルファベットの「ＫＡＧＯＭＥ」に変わっていったが、「籠の目」は蟹江にとってまさに自分で作ったトマトを入れる籠を、そしてトマト作りを志した初心を思い起こさせる原点だった。

カゴメのケチャップ作りは続く。有機トマトを使ったもの、ツブツブの食感を残すもの、様々なケチャップが開発され、カゴメのシェアは国内で50％を超えるまでになった。

食品・料理

64

肉まん・あんまん

［井村屋製菓株式会社］

1964年

思わず食べたくなる！　肉まんとあんまん、魅力たっぷり、日本での「はじめて物語」

あの白い湯気が食欲をそそる。熱々の肉まんを手にして、フーフーと息を吹きかけながら頬張る瞬間、誰しもが至福の時を迎えるだろう。そんな「肉まん・あんまん」の日本での進化を辿っていく。

もともとのルーツは中国の「包子《パオズ》」。柔らかい皮で、いろいろな具材を包んで蒸した饅頭《まんじゅう》だった。日本には、14世紀半ばに禅宗の僧によって伝えられたとされる。お茶と一緒に食べるお菓子、仏教では「肉食は禁止」のため、小豆などを入れたという。やがて「中華まん」として、日本でも中華街を中心に広がっていった。

舞台は明治時代の三重県松阪町（現在の松阪市）。1896（明治29）年に井村和蔵《いむらわぞう》が、菓子店「井村屋」を創業した。井村は和菓子製造の経験はなかったが、「自分でも作れそうな気がする」と、羊羹《ようかん》作りから事業を始めた。固める型に大きなお膳を使うアイデアから「流しようかん」が誕生して、評判になった。さらにお手製の自慢の餡《あん》を使った「うずまき」や「とらまき」によって、井村屋の和菓子は大いに人気を博した。その後、経営を引き継いだのは長男の井村二郎。戦後になって「即席ぜんざい」などさまざまな商品を生み出したが、「何かもっと新しい商品はできないか」と二郎は考える。

この頃、井村屋は「井村屋製菓株式会社」という社名でアイスクリームも製造していた。町の駄菓子屋さんに冷凍ケースを貸し出して、アイスクリームを販売してもらっていた。が、この冷凍ケース、夏はフル稼働だが冬は用途がなかった。この冷凍ケースを活用できないかと、二郎は当時中華街や百貨店でしか販売されていなかった「中華まん」に着目する。そこで中華まんの中に、お手製の餡を入れることにした。自身は和菓子屋であり、餡《あん》作りは得意中の得意、その味には自信があった。ぜんざいで人気の粒あんを入れてみたら、これが美味しい。井村屋の「あんまん」の誕生だった。それまでの中華まんにも肉が入っていたが、味は付いておらず、辛子を付けながら食べるものだった。「最初から具の肉に味が付いていたら食べやすいのに」。

二郎は独自に味付けした肉を包んだ。井村屋の「肉まん」の誕生だった。1964（昭和39）年のことだった。

開発したばかりの「肉まん・あんまん」を、寒い季節に冷凍ケースで売ってもらうことにした。しかし、思ったように売れない。客にとっては家に持ち帰って、温め直して食べるという〝もうひと手間〟が面倒で、敬遠されたからだった。

そこで知恵をしぼった。持ち帰ってもらうのではなく、熱々の商品をその場で食べてもらえばいい。思いついたアイデアは「蒸し器」を用意することだった。1968（昭和43）年に、オリジナルのスチーマーが完成した。最初は灯油を使って湯を沸かしていたが、どうも油の臭いが気になる。そこで3年後の1971（昭和46）年には「電気スチーマー」を機械メーカーと共同で開発した。円筒型の容器の中に、4段に分けて肉まんとあんまんを並べた。当時、駄菓子屋には「温かくて、すぐ食べることができる」商品はほかになかったこともあって、井村屋の肉まん・あんまんは大ヒットした。寒い日に、店頭で熱々の肉まんやあんまんが、温かい湯気とともに食欲をそそる。この「立ち食い」は、食べ盛りの若者を中心に大ヒットした。

コンビニエンスストアの広がりも、大きな追い風になった。全国のコンビニには、特製のスチーマーに入った「肉まん・あんまん」が並び、おでんとともに、まさに〝冬の名物〟となった。今では夏でも人気の定番商品になった。

進化は続く。井村屋は、1977（昭和52）年には「カレーまん」、2年後の1979（昭和54）年には「ピザ肉まん」を相次いで発売。その後も「テリヤキまん」「チョコまん」「焼き芋まん」などを発売し、その数は500種類を超えた。現在の人気は「ゴールド肉まん」と「ゴールドあんまん」。生地を2段階で熟成発酵させることで、もっちりとしながらも、口溶けの良さが好評の〝ワンランク上〟の「肉まん・あんまん」である。

食品・料理

65

ノンアルコールビール

［キリンビール株式会社］

2009年

完全なる「ノンアルコールビール」を生み出した日本メーカーの挑戦とビール愛

3年余りに及んだ新型コロナウイルスの感染拡大によって、飲食店ではお酒の提供ができない時期もあった。そんな中、国産の「ノンアルコールビール」は、本物のビールに負けない風味から多くの人によって飲まれ、そして愛された。老舗ビールメーカーが挑んだ「ノンアルコールビール」作りの歴史である。

「ノンアルコールビール」は、1920年代のアメリカで生まれた。アルコールによる犯罪や中毒が多発する中、禁酒法によってアルコール自体が規制され、ビールの〝代替品〟として作られるようになった。英語では「ノンアルコールビール」ではなく「ニアビール（Near

Ｂｅｅｒ）」という。

日本でも、大正時代の末期から「ノンビア」というビール風味の飲み物が登場した。よく知られているのが、１９４８（昭和23）年に発売された「ホッピー」。しかし「ノンアルコール」といいながらも、実はごく少量（０・８％）のアルコール分が含まれていた。法律の上では、１％未満ならば「お酒」ではなかった。各メーカーも次々と同じような商品を売り出したが、１％未満とはいえ、アルコールが入っていたため、車を運転する人などもそれを敬遠して、思うように売れ行きは伸びなかった。

そんな中、日本を代表するビールメーカー「キリンビール株式会社」が、本格的にノンアルコールビールの開発に乗り出した。きっかけは、２００７（平成19）年4月の道路交通法の改正だった。飲酒運転や酒気帯び運転が厳罰化されて、さらに、車を運転するドライバーにお酒を勧めた場合も罪に問われるようになった。調査に対し、9割ものドライバーが「ビールを飲みたいけれど我慢している」と答えた。少量とはいえアルコール分の入っているビールテースト飲料では、飲む人の不安を取り除くことはできなかった。

「まったくアルコール分の入っていない、完全なノンアルコールビールを作ろう」

キリンビールが採用した製造方法は「ビール独特のアルコール発酵をさせない」というもの

だった。麦汁とホップを使いながらもアルコール発酵はさせないので、酵母は使わない。しかし、酵母から生まれる〝ビール風味〟は出さなければならない。そこで、キリンビールは社内の力を結集する。チューハイ部門の技術者を開発チームに加えた。レモンチューハイなどチューハイ作りは「香りの調合」こそが〝生命線〟だった。その技術を応用することで、酵母が作り出す独特の香りを開発した。

アルコール発酵させないという製法によってでき上がった飲料は、酸味が強かった。今度は、ジュースなど清涼飲料水を作る担当者に協力を仰ぎ、酸味をコントロールする方法にも辿り着いた。「この程度の味ならば、他の炭酸飲料を飲んだ方がいい」とは、絶対にいわれたくない。風味、飲み心地、そしてキレの爽快感。ノンアルコールビール作りには、ビール会社としての意地と情熱があった。

2009（平成21）年、キリンビールの新たな「ノンアルコールビール」が発売された。世界で初めての〝完全なノンアルコールビール〟だった。商品名は「キリンフリー」。まさにアルコール分は0・00％だったので、その具体的な数字「0・00％」を缶や瓶のラベルに打ちだした。商品は〝ビール系〟と受けとめてもらうため、キリンビール伝統の「麒麟」の絵も使った。「キリンフリー」は発売わずか1カ月で、初年度1年間の目標をクリアする大ヒット商品となった。

翌年には、仕込み段階の麦汁に余計な風味を加えない「麦芽100」を発売した。世間に「休肝日」なる言葉が生まれたのも、この頃である。2015（平成27）年には「パーフェクトフリー」を発売。「パーフェクト（完全）」という名前を付けた新商品によって、ノンアルコールビール作りをさらに推し進めた。ビールをとことん愛し、ビールを知り尽くしているからこそ成しえた開発。こうして、ビールは「酔うためのお酒」から「風味を楽しむ飲料」としても、ニッポンの開発技術によって進化した。

最近では、内臓脂肪を減らす「ノンアルコールビール」も登場し、健康ブームのなか、人気を集めている。また、ビールにとどまらず、ノンアルコールワイン、ノンアルコールチューハイ、そしてノンアルコールカクテルと、「ノンアルコール」の飲み物はそのすそ野を広げている。

電化製品

66

ハンドドライヤー

［三菱電機株式会社］

1993年

高速風で〝水滴を吹き飛ばす〟〜日本製「ハンドドライヤー」驚きの発想と開発史

トイレなどで手を洗った後に、温風の力で手を乾かす機器「ハンドドライヤー」は、20世紀初頭にアメリカで発明されたといわれる。欧米などでは、日本と違ってハンカチで手を拭く習慣がないため、温風を手のひらに当てることによって水分を蒸発させて乾かした。ハンドドライヤーは、１９６０年代に日本に入ってきたが、そんな習慣の違いもあって、なかなか一般には普及しなかった。

そんな「ハンドドライヤー」に注目した会社があった。「三菱電機株式会社」である。「もっと簡単に、手を乾かす機械を作れないだろうか」。実は、三菱電機は開発にうってつけの施設を持っていた。岐阜県中津川市にある中津川製作所。戦後、扇風機の製造を手がけてきた工場だ。〝モーターと羽根による風のコントロール〟は得意中の得意、社内では別名「風の中津川」と呼ばれていた。担当者は考えた。

「温風ではなく、強い風によって水を吹き飛ばすことはできないか」

開発がスタートした。ビニール製のパイプに穴を開けて、高圧で空気を送り込んで手を乾かす実験を繰り返した。しかし、一方の側から風を当てただけでは、あまり効果がなかった。水滴が指の反対側に回り込むだけで、手はうまく乾かなかった。従来の温風ハンドドライヤーは、吹き出し口から出る温風に下から手をかざして乾かしていた。その風を両側から当てることを思い付く。機械のすき間に手を差し入れる構造にして、手に両側から風を当てるようにした。それによって水滴を一気に吹き飛ばすことに成功した。

手についた水滴を吹き飛ばす。このためにはより強い風が必要だった。開発の末、風速65メートル、時速にして実に234キロメートルという風を作り出した。強力なファンを導入して、手のひら全体に、勢いが強いままの風が当たるようにした。さらに、ポケット型の箱のすき間に手を入れるスタイルでは、手を動かす空間が上下に限られるため、左右の壁をなくして、手を〝横にも自由に〟動かせる形にした。

1993（平成5）年、世界で初めて風が両側から吹き出し〝水滴を吹き飛ばして乾かす〟

両面ジェット風の「ハンドドライヤー」が誕生した。三菱電機は、この商品を「ジェットタオル」と名付けた。誕生して30年になった。実は、この「ジェットタオル」を真っ先に導入したのはパチンコ店だった。客がトイレに行って、あっという間に手を乾かして席に戻ることができるからだった。そんな評判とともに、国産の「ハンドドライヤー」は注目を集めていった。

2年後には、やがて一般に普及していくスリム型の「ジェットタオル」が完成。手を乾かすための所要時間は4〜6秒に縮まり、さらに進化したハイパワー型では、それが2〜3秒になった。従来の温風式ハンドドライヤーでは30〜50秒かかっていたことからすれば、まさに〝一瞬で手が乾く〟印象だった。

「ジェットタオル」は、コスト面でも大きく進歩した。平均的な1カ月のコストは、紙タオルが約5000円、ハンドドライヤーの電気代は約100円。機器の減価償却費を加味しても、月3000円ほどだった。さらに、紙タオルと違ってゴミが出ない。環境問題の面でも大きな長所があった。エコノミー面でも、エコロジー面でも、両方に力を発揮する開発だった。海外で生まれた「ハンドドライヤー」だが、温風ではなく「両面ジェット風で水滴を吹き飛ばす」というニッポンの〝発想の転換〟によって、大きく成長した。

※「ジェットタオル」は三菱電機株式会社の登録商標です。

遊具・娯楽

67

プラネタリウム

［千代田光学精工株式会社］

1958年

プラネタリウムのはじめて物語
～壮大な夢は〝究極の天体ショー〟へと進化した！

生まれて初めて「プラネタリウム」へ行った日のことは、半世紀以上たった今でも鮮明に覚えている。昭和の時代、場所は名古屋市科学館だった。ドーム型の会場内が次第に暗くなって、真上に満天の星空が広がった時の感動は忘れられない。そんな「プラネタリウム」は、日本でめざましい進化を続けている。

世界で最初の「プラネタリウム」は、1923（大正12）年にドイツで作られた「カールツアイス1型」。形は〝ダンベル型〟といわれ、丸い天井に星たちを投影させた。星の数は4500個だったと記録されている。このドイツ製のプラネタリウムが日本に初めてやってきたのは、1937（昭和12）年。大阪市立電気科学館（現在の大阪市立科学館）に設置されたが、当時の値段で50万円、現在だとおよそ3億円という高価な輸入機器だった。

そんな「プラネタリウム」を見るために、科学館に足を運んでいた一人の人物がいた。田嶋一雄。1899（明治32）年、和歌山県生まれ。大学卒業後に父親が経営していた貿易会社で働き始め、その関係で出かけたヨーロッパ視察でカメラに出合った。帰国後に自分で会社を創業して、国産カメラの製造を始めた。田嶋は、星を見ることも大好きだった。ヨーロッパの地で、カメラと同時に田嶋が出合ったもう一つのもの、それがドイツで見た「プラネタリウム」だった。レンズに詳しかった田嶋は、科学館でドイツから来たプラネタリウムを楽しむうちに、自らの会社「千代田光学精工株式会社」でもプラネタリウムの投影機を作ろうと決意した。

田嶋は、プラネタリウムの知識が豊富だった発明家の信岡正典らに声をかけて、国産のプラネタリウム作りに乗り出した。当時の投影機は「光学式」というもので、星の数だけ小さな穴を開けて、そこを通った小さな光がレンズを通してドーム型のスクリーンに映し出される仕組みだった。ここで田嶋たちは、日本らしい細やかな工夫を凝らす。ドイツ製では、星は大きさだけで表現されていたが、色合いや明るさも変えてより忠実に星を再現した。一等星はドイツ製の80倍も明るくしたという。世界で初めて、星がピカピカと点滅する装置も開発、満天の星を動かす場面では、赤道を基準にして正確な動きを再現した。こうして完成した国産プラネタリウム第1号「ノブオカ式プラネタリウムI型」は、ドイツ製にまったく引けを取らなかった。投影される星の数は9000個、ドイツ製の2倍だった。1958（昭和33）年、兵庫県の阪神パークで開催された科学大博覧会で3カ月にわたって披露されて、20万人を超す大勢の観客を魅了した。

その4年後の1962（昭和37）年、田嶋の会社は、それまでカメラに付けていたブランド名から「ミノルタカメラ」と社名を変えた。その後、同じ写真機メーカーのコニカと経営統合し「コニカミノルタ」として発展を続け、同時にプラネタリウム開発も進化させていく。プロジェクターによって星空を映し出す「デジタル式」を開発し、1997（平成9）年には、光学の技術により作り上げた星空にCGで創り出した映像が重なり合う、まったく新しいプラネタリウムを世界で最初に開発した。国内に400館ほどあるプラネタリウムの半数ほどが、コニカミノルタが製造した機器を使用している。

コニカミノルタのプラネタリウムの最新モデルは「LEDドームディスプレー」である。2022（令和4）年3月にオープンした「プラネタリアYOKOHAMA」は、半円型のドームに貼り付けられた5500枚のLEDパネルが自ら光って、映像を映し出す仕組み。ストーリー性、そして人気俳優によるナレーションなど、それはまるでドーム型の〝星空映画館〟のようだ。スマホで撮影もできる。スクリーンいっぱいに映像が映し出されたかと思うと、次の瞬間には満天の星空に変わる。日本の光学技術を駆使した天体ショーは、横浜をはじめ名古屋の「満天NAGOYA」など、現在は国内5カ所で体験できる。田嶋が星空に描いた夢は、令和の時代でもドームの天井いっぱいに広がっている。

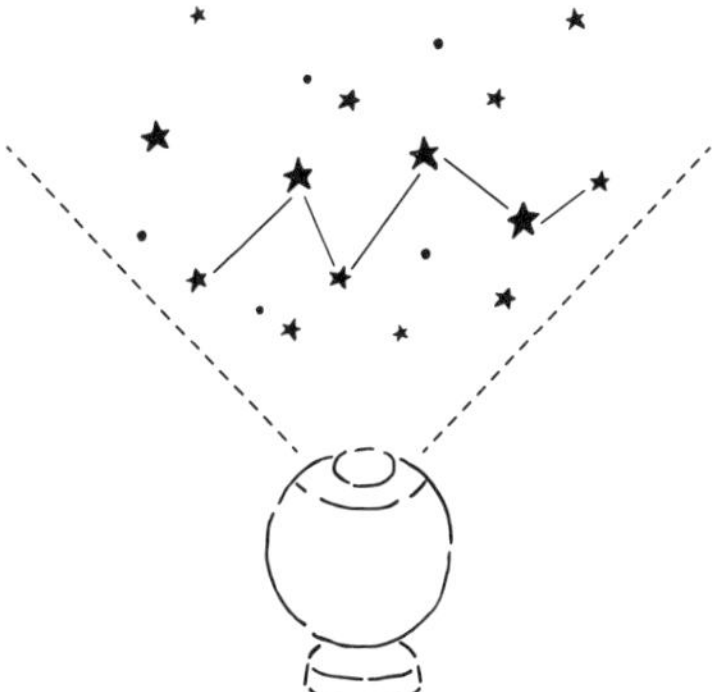

文具

68

ホッチキス

［山田興業株式会社］

1946年

「ホッチキス」を文房具として極めたニッポン企業の開発魂と驚きの新製品

今やどこのオフィスにも家庭にもある「ホッチキス」。一瞬で紙などを綴じるこの便利な道具は19世紀のアメリカ生まれなのだが、それを今日のような手軽な文房具に育て上げたのは、ある日本企業だった。その絶えまない開発の日々を追った。

「ホッチキス」はアメリカなど英語圏では「ステープラー（Ｓｔａｐｌｅｒ）」と呼ばれる。起源のエピソードの中で、１８２６（文政９）年に生まれたベンジャミン・ホッチキスが発明したという説に心をひかれる。機関銃を発明したホッチキスは、マシンガンの弾丸を送り出す仕組みをヒントに、紙を綴じる道具「ステープラー」を考えたという。機関銃の〝弾送り〟とホッチキスの〝針送り〟、たしかに構造は似ている。1903（明治36）年に初めて日本に輸入された際、商品には「HOTCHKISS」という製造会社の名前が刻まれていた。それを商品名だと勘違いし、日本では「ステープラー」を「ホッチキス」と呼ぶようになった。

当時は、現在の「ホッチキス」のように、一つ一つの針がくっついて装填される仕組みではなく、コの字型の1枚の鉄板を機械にセットして上から切断しながら、すなわち針を作りながら紙に打ち込んだ。そのため大きく重い機械だった。このアメリカ製の道具に、大きな節目がやってくる。国産の「ホッチキス」作りに挑戦した会社が登場したからだ。1942（昭和17）年に航空機の部品メーカーとして創業した「山田興業株式会社」（現・マックス株式会社）である。

開発にあたり、数々の工夫が施された。まずは針だった。紙に打ち込みやすくするために、一つ一つの針の接着部分が分かれやすいようにした。さらに紙を通しやすいように針の先端を尖らせた。この針をバネによって前へ前へと送り出して先頭の針で紙を綴じる。こうして1946（昭和21）年に誕生した卓上使用の「3号ホッチキス」は、それまでキリで穴を開けて紐を通して結んでいた書類綴じに、革命をもたらした。卓上ホッチキスは、画期的な〝事務用品〟として国内のオフィスに広がっていった。

卓上ホッチキス誕生から6年後の1952（昭和27）年に発売された「10号ホッチキス」は、机の上に置いて使うのではなく、片手で握って使用できる「ホッチキス」だった。小学校へ無料で貸し出したり、商品のパッケージをとめるのに使用してもらうようにセールス活動をしたり、その企業努力が実り「ハンディタイプ」の「ホッチキス」は一般家庭にも広く普及していく。〝事務用品〟から〝文房具〟へと成長したのだった。握りの部分に窪みをつけて持ちやすくする工夫、そしてバネの部分に〝てこの原理〟を採用して子どもの軽い力でも簡単に使えるように改善、こうしてアメリカ産ステープラーは「ホッチキス」として、日本の地で画期的に生まれ変わった。

「紙針ホッチキス」が登場した時は驚きが広がった。金属の針の代わりに、紙の針が生まれたのだった。2013（平成25）年のことである。その背景には実はホッチキスを敬遠し始めた業界の存在があった。食品関係の会社である。弁当や卵のパックをホッチキスでとめていたが、安全への配慮から金属針を使用することへの躊躇が見受けられた。そこでマックスが開発したのが紙の針。これなら安全だった。「紙針ホッチキス」は、書類を廃棄する際にも分別する必要がなく、まさにオフィスにも革命をもたらした。日本の商品開発力が登りついた頂《いただき》ともいえよう。

文具

69

マジックインキ

［寺西化学工業株式会社］

1953年

「何にでも書けて消えない」マジックインキの魔法 ニッポンでの誕生秘話

物心付いた頃、クエスチョン「?・」マークのラベルが付いた太く短いペンが身近にあった。ボールペンやサインペンと違って、そのボディーはガラス製だった。さらにキャップはねじ式になっていて回さないと開けられなかった。ペンの先も太く四角い形、インクの臭いも強かった。「書くと消せないから気を付けて」と親から注意された。それが日本製の油性マーカー「マジックインキ」との出合いだった。

マーカーペンは「フェルトペン」とも呼ばれ、もともとイギリスの貴族が使っていた。19世紀後半になって、一般のイギリス人にも広がっていった。ペン先となるフェルト部分は、羊など動物の毛を圧縮して作った繊維、それにインクを染み込ませて、書くための道具とした。その後、アメリカではそれを進化させた「マジックマーカー」という油性のフェルトペンが誕生した。

そんなペンに魅了された日本人がいた。1898（明治31）年に大阪で生まれた寺西長一《てらにしちょういち》は大阪・船場の商店でインクの製造を学び、18歳だった1916（大正5）年に「寺西化学工業所」を創業した。インク、クレヨン、そして絵の具などを製造していたが、終戦後にアメリカ製のある〝ペン〟と出合うことになる。それは、戦後復興のため産業視察団に参加した事務用品会社「内田洋行」の社長がアメリカから持ち帰ったものだった。何にでも書けて、書いた瞬間すぐに乾き、水に濡れても手でこすっても消えない不思議なペン、それがスピードライ社の「マジックマーカー」だった。

インク一筋の仕事をしてきた寺西は、その魅力に感激して決意した。

「日本でもマーカーペンを作ろう。必ず夢のある筆記具になるはずだ」。

手元にあるアメリカ製のペンの構造を研究しようとしたが、そこにハードルが立ちはだかった。当時は長い船旅だったため、輸入したペンはキャップや容器も壊れ、フェルトのペン先もカラカラに乾いてしまっていた。どんな仕組みかも分からない。しかし、寺西はバラバラになった残骸と「何にでも書けて消えない」という情報だけを頼りに、自らの開発をスタートさせた。

まず得意のインクからだった。油性の溶剤に溶ける染料は何か？　当時は水性のものがほとんどだった。寺西は、接着性の強い「樹脂」を思い付き、水に溶ける染料と混ぜ合わせた。それによって油にも溶ける染料ができた。

次はペン先、何かを書くためには最も大切な部分だった。帽子屋に大量の山高帽を注文して、その帽子のフェルトをペン先の材料として使うことにした。が、フェルトが軟らかすぎたため、ここでも樹脂を使うことで、適度な硬さをもたせることに成功した。

最後は、油性のインクに耐え得る容器の開発だった。プラスチックは希少なので、「ガラス容器」を採用した。インクの蒸発を防ぐため、キャップには断熱効果のあるセルロースという素材を使用し、密閉性を増すためにねじ回し式にした。

こうして日本で開発した油性マーカーが誕生、1953（昭和28）年4月に発売された。どんなものにも書けて消えない〝魔法のインキ〟という思いを込めて、このペンは「マジックインキ」と名付けられた。黒、赤、そして藍色の3色だった。

しかし、この魔法のペンも最初はほとんど売れなかった。値段は1本80円、当時はコーヒー

1杯が50円の時代だったため、かなりの高級品だった。さらに、鉛筆文化の日本には「キャップを閉める」という習慣がなかったため、ついキャップを閉め忘れる人も多く、「すぐに乾いてしまい何も書けない」という苦情も多かった。

しかし、日本の高度成長期は「マジックインキ」にとって追い風となった。物流が盛んになると、段ボール箱などに梱包して物を運ぶようになり、箱やビニールに簡単に文字を書くことができて消えにくい「マジックインキ」は、欠かすことができないペンになっていった。昭和30年代には爆発的な売れ行きとなって、マーカーペン全体の国内シェア60％を占める人気商品になった。それとともに、サインペン型や極太サイズなど用途に合わせて種類も豊富に、さらに色もどんどんカラフルになっていった。「マジックインキ」はマーカーペンのトップランナーとして走り続けている。

※「マジックインキ」は株式会社内田洋行の登録商標です。

文具

70 マスキングテープ

［カモ井加工紙株式会社］

2008年

「マスキングテープ」そのカラフルな魅力 ～工業用から大変身させた驚きの発想

アメリカで生まれた保護用の粘着テープ「マスキングテープ」に、新たな命を吹き込んだのは、ニッポン企業の斬新な発想と柔軟な対応力だった。もともとは自動車の塗装用として生まれた「マスキングテープ」が、日本の地で文具や飾りつけ用のカラフルな商品へと大きく〝変身〟するまでの歩みを訪ねる。

「マスキングテープ」は、1925（大正14）年に、アメリカのメーカーのエンジニアだったリチャード・ドリューによって開発された。「マスキング」＝「覆い隠す」の意味。色を塗らなくてもいい部分を、一時的に保護するためのもので、最初は自動車の塗装用に開発された。

1923（大正12）年に、鴨井利郎《かもいとしろう》が、岡山県倉敷市に創業した「カモ井ハイトリ紙製造所」は、その名の通り「ハエ取り紙」を製造する会社だった。日本が高度経済成長を迎え暮らしの衛生環境が改善される中、培ったノウハウを生かしてマスキングテープの製造にも乗り出し、1962（昭和37）年に、車の塗装や建築現場で使うための「マスキングテープ」を発売した。

アメリカなど海外のマスキングテープは「クレープ紙」という再生紙でできていたため、紙自体に厚みがあり、色を塗り終えて剥《は》がした際には、段差によってムラができることもあった。日本で普及したマスキングテープは、日本伝統の和紙製だったので水に強く、破れにくいうえ、何よりも薄かった。「貼りやすく、そのうえ剥がしやすい」。日本の職人たちはきめ細やかで、現場の塗装なども仕上がりを重視する。試行錯誤しながら開発したカモ井の和紙マスキングテープも重宝された。1960年代は、マイカーブームの中、主に自動車の塗装用に、そして1970年代は、高層ビルなどの建築用にも使用され、工業用のマスキングテープの売り上げは、同社の9割を占めたほどだった。

そんな「マスキングテープ」に大きな転機が訪れたのは、2006（平成18）年だった。会社は「カモ井加工紙株式会社」と名前を変えていたが、倉敷市にある本社に、東京に住む3人の女性から「マスキングテープの工場を見学させてほしい」との連絡があった。一般からの工場見学は受け入れていなかったが、3人はマスキングテープを使って部屋の飾りつけをしたり、ラッピングやコラージュを楽しんだり、その成果を手作りの冊子にまとめていた。送られてきた冊子を見て、その熱心な申し入れに、カモ井加工紙では工場見学を受け入れた。

工場にやって来た女性たちは、製造過程を熱心に見たうえで、「テープの上から文字が書ける」「手でちぎって使える」など、次々とその魅力を語った。従来の工業用マスキングテープは、白色、黄色、青色など普通の単色ばかりだったが、3人は、工場見学をして「色鉛筆のようなテープがあったらいいな」という感想も伝えた。自分たちが作っているマスキングテープにそんな使い方があったのかと担当者は驚き、カモ井加工紙として彼女たちの熱心なリクエストに応えることになった。

新たな「マスキングテープ」の開発が始まった。色は？　デザインは？　柄は？　長さは？　製造現場は熱気にあふれた。工業用では18メートルと長かったテープを15メートルに短くした。色は、和紙に合う日本伝統の色を加えて20色に増やした。そして、2年後の2008（平成20）年に、工業用ではない、新しいマスキングテープが完成した。名付けて「ｍｔ（エムティー）」。カラフルな色の魅力を加えたマスキングテープ「ｍｔ」は主に女性たちから圧倒的な人気を集めて、その年の「グッドデザイン賞」も受賞した。カモ井加工紙では、今日まで、1

万種類もの「ｍｔ」を発売した。
「ｍｔ」は、インテリア用やラッピング用として人気のほか、アート用として芸術家にも使われている。地元の倉敷市では、昔ながらの街並みを走る人力車やレンタサイクルもこの「ｍｔ」でデコレートされた。ＪＲ西日本の山陽線には、車両の外装と内装に「ｍｔ」を使った「マスキングテープ列車」もお目見えした。アメリカで工業用として生まれたマスキングテープは、日本の倉敷の地で、新しい命を吹き込まれて歩み続けている。

ちなみに、人気のマスキングテープ「ｍｔ」とともに、カモ井加工紙ではハエ取り用の「リボンハイトリ」も作り続けている。会社にとっての大切な第一歩だった商品。初心忘るべからず。老舗企業の矜持がそこにある。

［参考文献］

日本はじめて図鑑　監修：田中裕二（ポプラ社）

［取材協力企業］（50音順）

アース製薬株式会社（ごきぶりホイホイ）
アサヒ飲料株式会社（ウィルキンソン タンサン）
アツギ株式会社（ストッキング）
一般財団法人 安全交通試験研究センター（点字ブロック）
一般社団法人 電池工業会（乾電池）
一般財団法人 日本オセロ連盟（オセロゲーム）
井村屋グループ株式会社（肉まん・あんまん）
AGC株式会社（板ガラス）
大塚食品株式会社（レトルトカレー）
オムロン ソーシアルソリューションズ株式会社（自動改札機）
オリンパス株式会社（胃カメラ）
オルファ株式会社（カッターナイフ）
花王株式会社（石けん）
カゴメ株式会社（トマトケチャップ）
株式会社伊勢半（口紅）
株式会社いわさき（食品サンプル）
株式会社エドウイン（EDWIN）
株式会社木村屋總本店（あんぱん）
株式会社崎陽軒（シウマイ）
株式会社クレハ（食品用ラップ）
株式会社コージー本舗（つけまつげ）
株式会社シード（修正テープ・プラスチック消しゴム）
株式会社島精機製作所（軍手）
株式会社スギヨ（カニカマ）
株式会社谷沢製作所（ヘルメット）
株式会社ツムラ（入浴剤）
株式会社東京ドーム（ジェットコースター）
株式会社名古屋三越 星ヶ丘店（お子様ランチ）
株式会社ニトムズ（コロコロ）
株式会社パイロットコーポレーション（消せるボールペン・万年筆）
株式会社バスクリン（入浴剤）
株式会社フジ医療器（マッサージチェア）
株式会社 明治（グミ）
株式会社メニコン（角膜コンタクトレンズ）
株式会社ロッテ（使い捨てカイロ）
カモ井加工紙株式会社（マスキングテープ）
キユーピー株式会社（マヨネーズ）
キリンホールディングス株式会社（ノンアルコールビール）
金城学院中学校・高等学校（セーラー服）
公益社団法人 日本缶詰びん詰レトルト食品協会（缶詰）
コクヨ株式会社（大学ノート）
コニカミノルタプラネタリウム株式会社（プラネタリウム）
シャープ株式会社（シャープペンシル・電卓）
全国コインランドリー連合会（コインランドリー）
象印マホービン株式会社（魔法びん）
寺西化学工業株式会社（マジックインキ）
テルモ株式会社（体温計・注射針）
東亞合成株式会社（瞬間接着剤）
TOTO株式会社（洋式トイレ）
内外ゴム株式会社（ビーチサンダル）
長島観光開発株式会社（ジェットコースター）
ニチバン株式会社（セロテープ）
ニデックインスツルメンツ株式会社（オルゴール）
ネスレ日本株式会社（キットカット）
パナソニック株式会社（電気カミソリ・ヘアドライヤー）
フジゲン株式会社（エレキギター）
ぺんてる株式会社（シャープペンシル）
ホテルニューグランド（ドリア）
ホワイトローズ株式会社（ビニール傘）
本田技研工業株式会社（カーナビ）
マックス株式会社（ホッチキス）
三菱鉛筆株式会社（鉛筆）
三菱電機株式会社（ハンドドライヤー）
森永製菓株式会社（ミルクチョコレート）
ヤマハ株式会社（ピアノ）
有限会社伊藤ウロコ（長靴）
ライオン株式会社（歯ブラシ）
レンゴー株式会社（段ボール）

おわりに

「はじめて物語」からの熱きエール！

きっかけは、一つのラジオ番組だった。

２０２１年（令和３年）春から、ＣＢＣラジオ『多田しげおの気分爽快!!朝からＰ・Ｏ・Ｎ』内で、週1回のレギュラーコーナーを担当した。世界に先駆けて日本が発明した逸品を紹介する「北辻利寿のコレ日本生まれです」。そして、もともとのルーツは海外だが日本で飛躍的な進歩を遂げたものを紹介する「北辻利寿の日本はじめて物語」。

毎週一つずつ、テーマを取り上げた。取材しながら、そこに関わった人たちの〝開発魂〟と〝細やかさ〟に驚いたり、感激したり、いつのまにか紹介した商品数は１２０にも達していた。


そんな感動あふれる〝誕生の歴史〟を、より多くの人に伝えたいと、番組で語ったテーマを毎回コラムとして執筆して、ＣＢＣ公式ホームページにおいてＷＥＢ配信してきた。

今回その一部を一冊の本として、あらためて紹介できることになったことは、大きな喜びである。取材に応じて下さった方々に共通する〝はじめの一歩〟の熱さと努力の日々、それに報いることができるという感謝の思いもある。この場を借りて、皆様にあらためて心からの御礼をお伝えしたい。

新年早々から大きなニュースが続く2024年、私たちの国は揺らぎ、心を痛める日々も続く。しかし、この「はじめて物語」で紹介した数多くの力強い〝第一歩〟のように、ニッポンという国の成長を支えてきたものは、誰にも負けない気概だった。これからも、次々と新たな〝はじめの一歩〟が生まれ、たしかな足跡を残していくと信じている。「ニッポンはじめて物語」の歩みは私たちにエールを送りながら続いていく。

2024年3月

北辻利寿

Profile
北辻利寿（きたつじ・としなが）
1959年名古屋市生まれ。愛知県立大学外国語学部卒。1982年4月中部日本放送（CBC）入社。JNNウィーン特派員、報道部長、報道局長、論説室長などを経て、現在CBCテレビ論説室・特別解説委員。著書に『ニュースはドナウに踊る』（KTC中央出版）『愛しのドラゴンズ！ファンとして歩んだ半世紀』（ゆいぽおと）『屈辱と萌芽　立浪和義の143試合』（東京ニュース通信社）など。自身のWEBコラム『東西南北論説風』は2019年度の大学入試問題にも出題採用された。

企画編集　五藤正樹／田口真由美（株式会社ネオパブリシティ）
イラスト　伊藤直子（株式会社ネオパブリシティ）
デザイン　金井久幸／横山みさと（TwoThree）
DTP　TwoThree
協力　株式会社CBCテレビ／株式会社CBCラジオ

ニッポンはじめて物語《ものがたり》
世界初《せかいはつ》・日本初《にほんはつ》のヒット商品《しょうひん》を生《う》んだ開発者《かいはつしゃ》の熱《あつ》き魂《たましい》

第1刷　2024年3月29日

著者　北辻利寿

発行者　菊地克英

発行　株式会社東京ニュース通信社
〒104-6224　東京都中央区晴海1-8-12
電話 03-6367-8023

発売　株式会社講談社
〒112-8001　東京都文京区音羽2-12-21
電話 03-5395-3606

印刷・製本　株式会社シナノ

JASRAC 出 2401434-401

ISBN978-4-06-535042-3